★專為孩子設計★

大防災時代的遊戲式練習

キャンプ気分ではじめる
おうち防災チャレンジBOOK

前　言

「防災」、「災害」、「警戒」……
光是看到這幾個詞彙，就讓人感到緊張兮兮，
但不可否認的是，最近發生地震或颱風等天災的機率，好像越來越高了。

不不不，或許從以前到現在，發生的機率一直都不低。
只是，我們總是習慣把「防災」當成「別人的事」。
我因為親身經歷過一場可怕的大地震，有了居家避難的經驗後，
從此不再把防災看作「別人的事」，而是當作「自己的事」看待，
或許正是因為親自體驗過，感受才會特別深刻。

「戶外活動」、「露營」、「登山健行」……
以上這些也是近年來非常受歡迎的活動，
躍躍欲試的人也逐漸增加中，對吧？

我很喜歡去山中健行，經常背著登山背包去旅行，
也撰寫了幾本教大家如何享受戶外活動的書籍。
因此，我一直把這件事當作「自己的事」，長久以來從事相關工作。

「防災」和「戶外活動」……
乍看之下，好像一個是負面、一個是正面，兩件事情給人相反的印象，
當這兩件事都變成「自己的事」的時候，我才驚覺兩者之間有太多共通點了。

然後，很感謝自己一直以來都擁有野外求生的技能。

不管對誰來說，我認為「防災」都是有必要學習的。
但是，老實說，只要自己或是身邊的人沒有經歷過災難，
就很難把這件事變成「自己的事」。
我想這就是「防災」還無法普及的另一個原因。

但是，如果聽到「來露營吧」，你會不會想試試看呢？

也有像我這樣，在享受戶外活動的同時，
不知不覺就把防災的基本技巧學起來的情況。

話雖如此，即使說是「戶外活動」，其實難度也不低唷。
所以這本書教你在「家」裡，一邊以「露營」的情況模擬，
一邊試著思考如何準備「居家避難」的挑戰。

所有防災準備之中，「居家避難」這件事，
是與自己最切身相關的、最簡單的，卻也是最重要的。

如果大家能一邊享受露營的快樂、一邊學習防災技巧的話，
不管是「露營」或是「防災」，你都能快速上手唷！

作者　鈴木三樹

Contents

自己和家人的聯絡方式

先把自己和親戚朋友的聯絡方式或重要資訊整理出來，
在緊要關頭會派上用場！

姓名

電話號碼

電子信箱

生日

血型

姓名

電話號碼

電子信箱

生日

血型

姓名

電話號碼

電子信箱

生日

血型

姓名

電話號碼

電子信箱

生日

血型

第1章

為什麼
你需要進行
居家防災挑戰？

你知道什麼是居家防災嗎？
大家好！
我是一個熱愛戶外活動和登山的日本插畫家——鈴木三樹。同時也是一位防災士。
最近地震、颱風等天災頻傳，你是否聽過「居家防災」這個詞彙呢？
所謂「居家防災」，是指遇到地震或颱風等自然災害時不是去避難所，而是待在「自家」避難。
STAY HOME
在過去的年代，大家可能認為前往「防空避難所」等地避難，才是正確的避難方法。但如今這個時代，「居家防災」的觀念正被大力推廣中。
大力推廣中的理由
城市裡的避難所不足
避難所裡沒有隱私
高齡化
人口稀少
好遠…

但是，即使是在災害大國日本，在自宅已經對突發性災害做好準備的家庭，也只占人口總數的一半。
北海道、東北、關東的準備率較高
全國平均5～6成
什麼都沒準備的家庭竟然高達3成！
中國、四國 九州 都偏低
更令人擔憂的是，在這一半之中，做好避難三天以上萬全準備的家庭，其數量恐怕更少。
即使只有準備手電筒和乾電池，也說自己「準備好了」。
我在札幌經歷過2018年的北海道胆振東部地震※之前，也曾經抱持著僥倖的心理。
因為沒有事先對災害做任何特別的準備，結果遭受到三天三夜的斷水斷電之苦。
自白
簡直是晴天霹靂！完全沒有任何預兆，這就是天災的可怕之處。
有趣的是，明明是這輩子第一次遇到避難生活，但是……
不知道為什麼，總覺得不像是第一次經歷這種感覺……
超安靜～
一片黑暗～
好可怕～
閒到發慌～
啊！是在山上的感覺。跟在山上的時候一模一樣呀～
呼

※註：北海道胆振東部地震發生在2018年9月6日，最大震度7級，造成北海道地區大規模停電。

真的和露營好像！
在野外的世界裡，
不只是上山，
就連海邊或河邊，
如果不是人類的開發，
就沒有電力。
除了先進的露營區或
山間小屋之外，
連自來水和下水道都沒有。
一直以來，我經常
從事這樣的戶外活動，
像是登山啦、露營啦，
並且一直樂在其中，
到現在仍然很喜歡。
唷呼——
所以，我的身體可能是
對這種狀況有所記憶……
因此不覺得特別痛苦。
或許也是因為這樣……
自身豐富的野外求生經驗，
在突然遇到天災的時候，
竟然這麼有幫助，這真是——
天上掉下來的禮物！
嗯嗯，就是這樣！
話雖如此，
在戶外活動時，一定會準備好
「水」、「電力」、「燃料」
還有「食材」才會出門。
要去哪？
要做什麼？

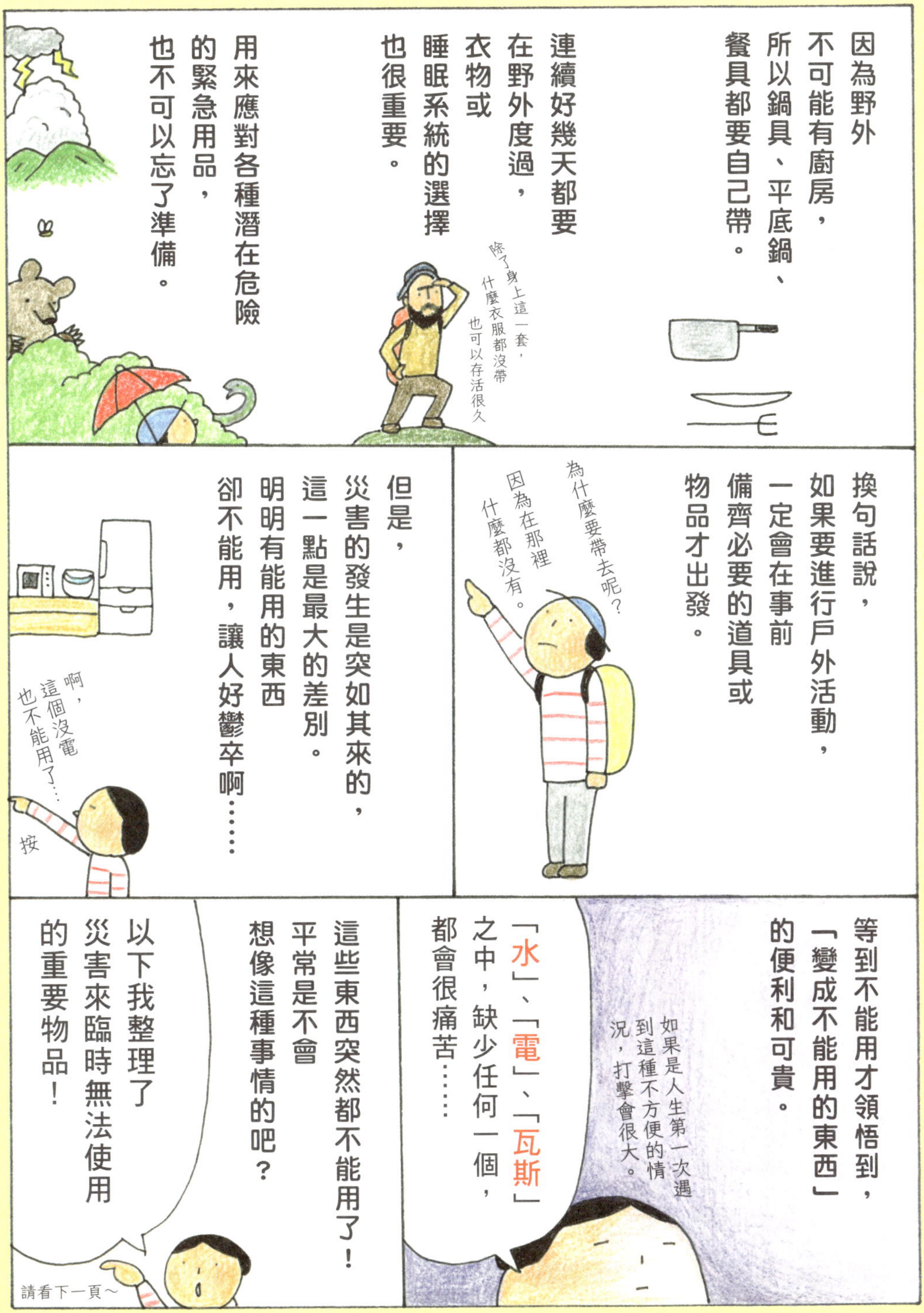
因為野外不可能有廚房，所以鍋具、平底鍋、餐具都要自己帶。
連續好幾天都要在野外度過，衣物或睡眠系統的選擇也很重要。
除了身上這一套，什麼衣服都沒帶也可以存活很久
用來應對各種潛在危險的緊急用品，也不可以忘了準備。
換句話說，如果要進行戶外活動，一定會在事前備齊必要的道具或物品才出發。
為什麼要帶去呢？
因為在那裡什麼都沒有。
但是，災害的發生是突如其來的，這一點是最大的差別。明明有能用的東西卻不能用，讓人好鬱卒啊……
啊，這個沒電也不能用了…
按
等到不能用才領悟到，「變成不能用的東西」的便利和可貴。
如果是人生第一次遇到這種不方便的情況，打擊會很大。
「水」、「電」、「瓦斯」之中，缺少任何一個，都會很痛苦……
這些東西突然都不能用了！平常是不會想像這種事情的吧？
以下我整理了災害來臨時無法使用的重要物品！
請看下一頁～

家裡突然停電的話 就可能無法使用的東西

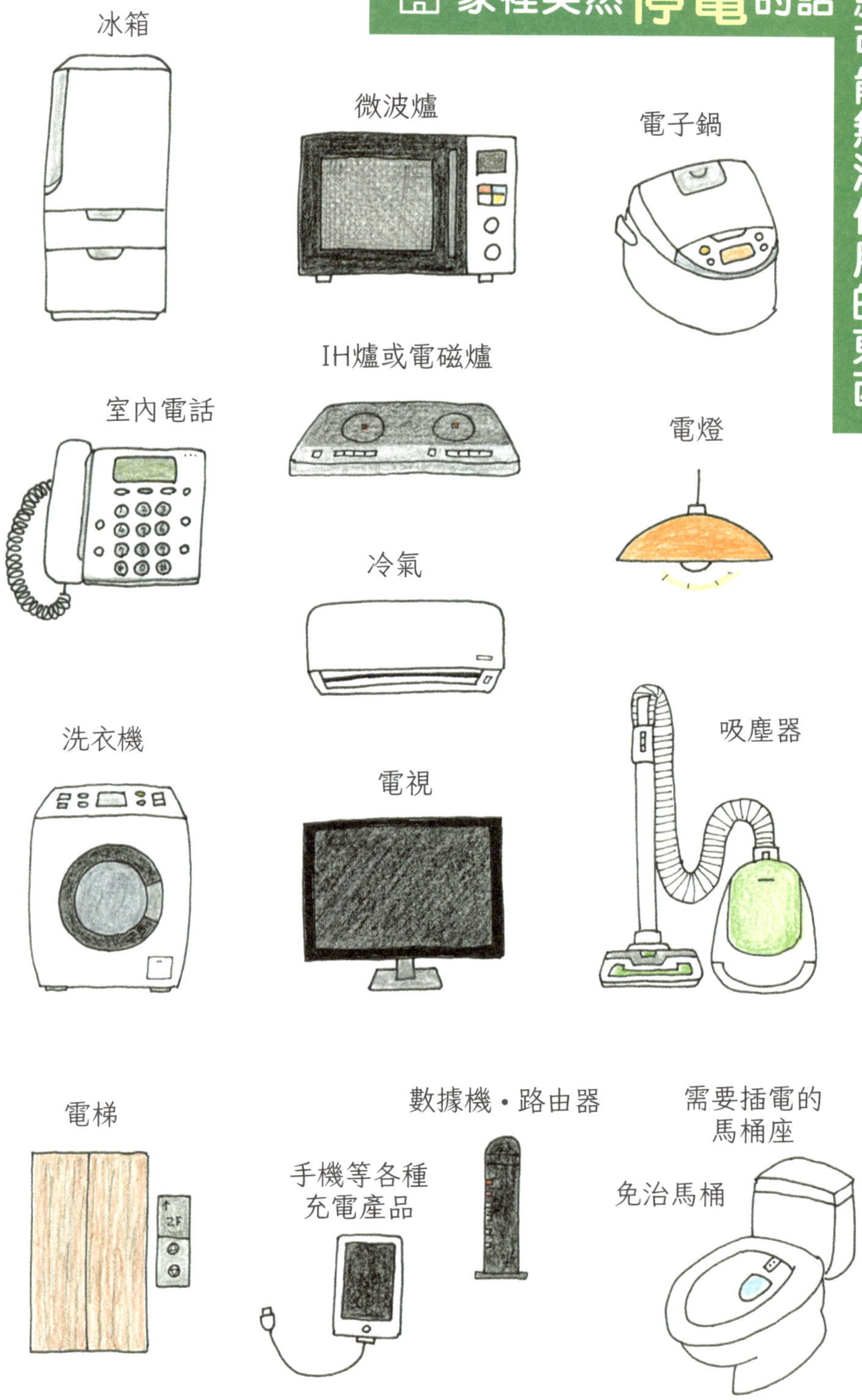
冰箱
微波爐
電子鍋
IH爐或電磁爐
室內電話
電燈
冷氣
吸塵器
洗衣機
電視
電梯
2F
數據機・路由器
需要插電的
馬桶座
手機等各種
充電產品
免治馬桶

家裡突然停水的話就可能無法使用的東西

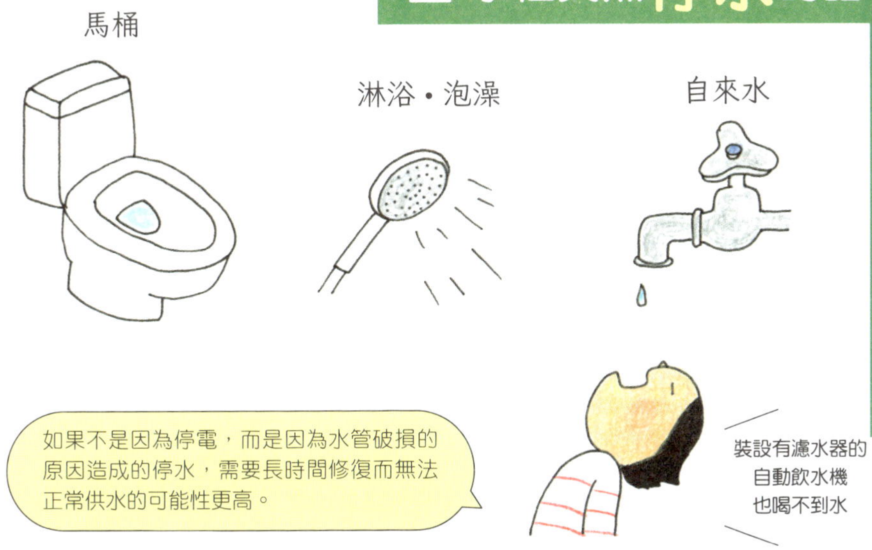
馬桶
淋浴・泡澡
自來水
裝設有濾水器的
自動飲水機
也喝不到水

如果不是因為停電，而是因為水管破損的原因造成的停水，需要長時間修復而無法正常供水的可能性更高。

家裡突然停瓦斯的話就可能無法使用的東西

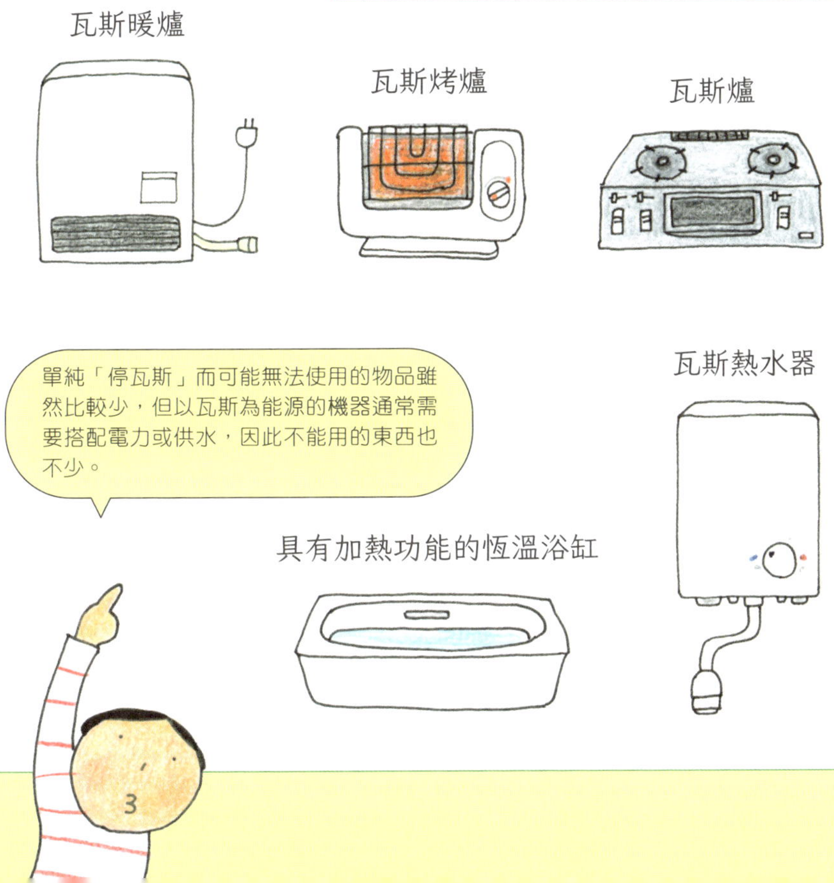
瓦斯暖爐
瓦斯烤爐
瓦斯爐
瓦斯熱水器
具有加熱功能的恆溫浴缸

單純「停瓦斯」而可能無法使用的物品雖然比較少，但以瓦斯為能源的機器通常需要搭配電力或供水，因此不能用的東西也不少。

即使無法使用
上述這些東西，
但我知道如何
以戶外活動用品來取代。
所以，就算家裡停電幾天，
也能照常生活下去。
感謝山…
總而言之～
對於在災害下存活，
我好像沒問題唷！
不過前提是……
災害範圍
仍可算是
不嚴重的情況下。
白天整理收拾了
掉下來的東西
盤子
小東西
書
啊—啊
如果發生像是
三一一地震，
這種有海嘯或土石崩塌
可能性的大型災害，
當然就要立刻逃走，
不可以待在家裡。
現在想想，
我只是仗著自己有一些
戶外活動的經驗，
就自然而然地想要
「宅在家」而已。
在那個當下
要做出正確
判斷好困難啊～
不管是現在還是未來，
大家都不確定災害發生的當下，
該如何立刻判斷出
「要往外逃」或是
「居家避難」。
河川的水位
上升中
怎麼辦？
你也曾經這麼想過吧？
在什麼時間點、什麼程度
才應該要出外避難呢？
這實在難以判斷，
對吧？
如果停電了…？
如果颱風來了？
因為住在河岸附近…？

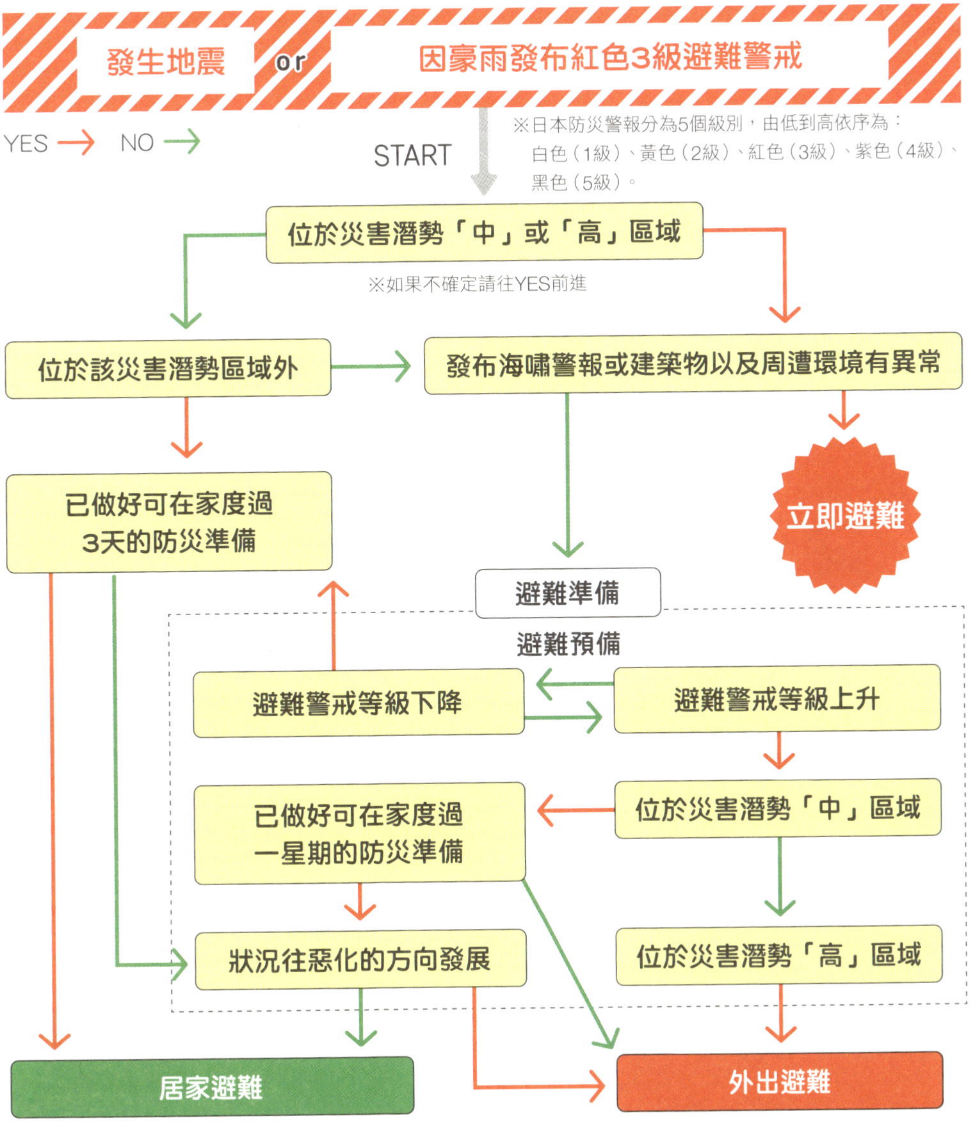

※依災害規模、家庭結構、心理性的條件而有個人差異。

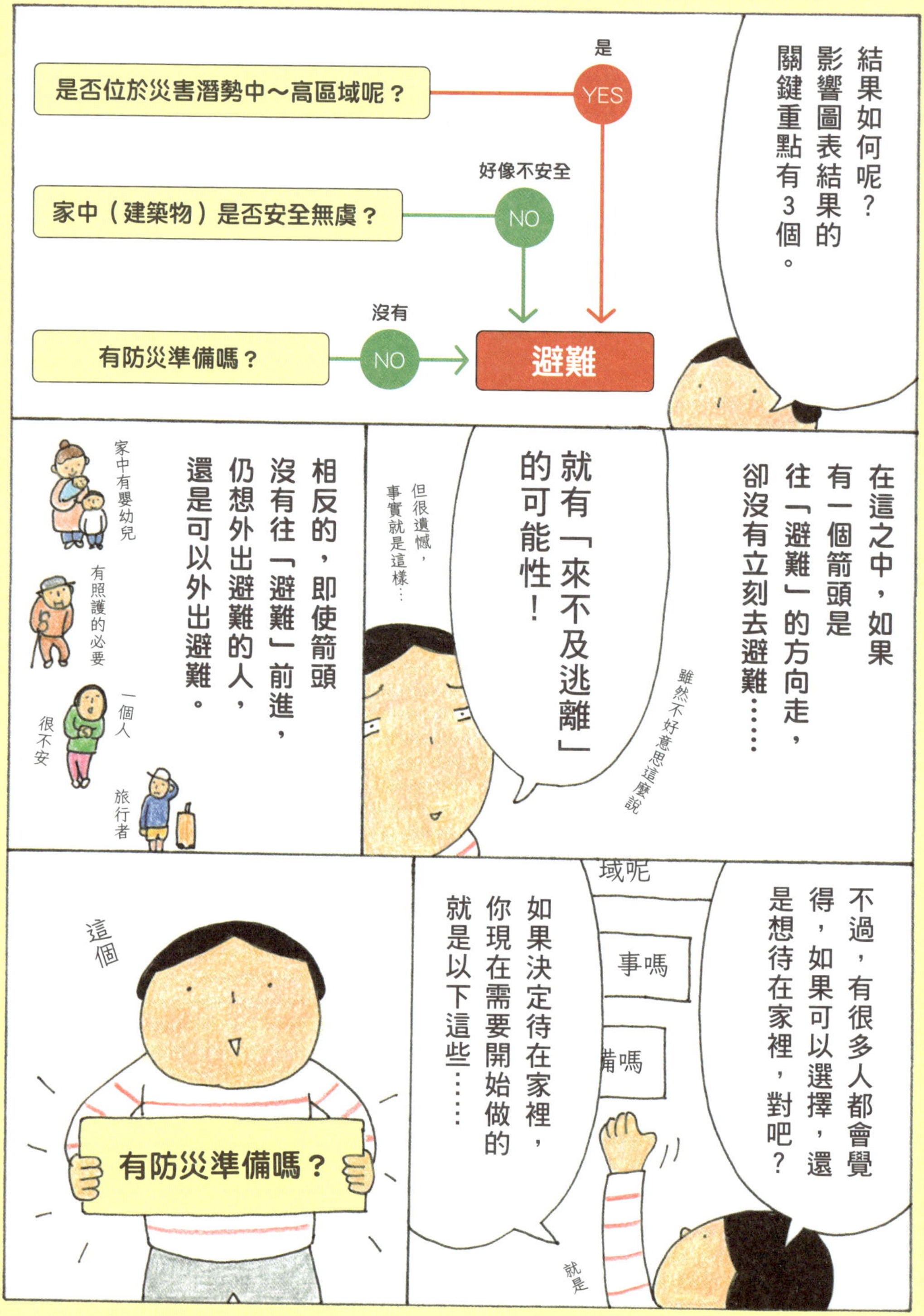
結果如何呢？影響圖表結果的關鍵重點有3個。
是否位於災害潛勢中～高區域呢？
是
YES
家中（建築物）是否安全無虞？
好像不安全
NO
有防災準備嗎？
沒有
NO
避難
在這之中，如果有一個箭頭是往「避難」的方向走，卻沒有立刻去避難……
雖然不好意思這麼說
就有「來不及逃離」的可能性！
但很遺憾，事實就是這樣…
相反的，即使箭頭沒有往「避難」前進，仍想外出避難的人，還是可以外出避難。
家中有嬰幼兒
有照護的必要
一個人很不安
旅行者
不過，有很多人都會覺得，如果可以選擇，還是想待在家裡，對吧？
如果決定待在家裡，你現在需要開始做的就是以下這些……
就是
這個
有防災準備嗎？

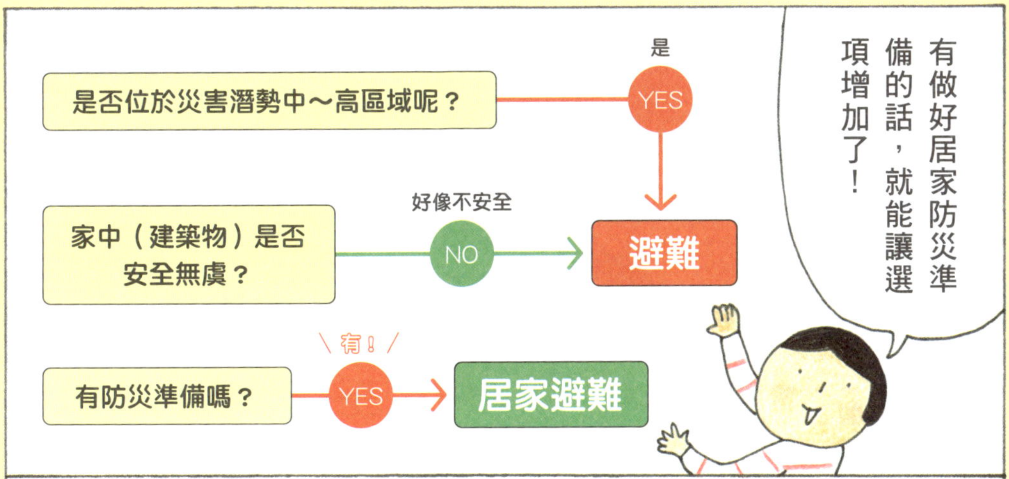
有做好居家防災準備的話，就能讓選項增加了！
是否位於災害潛勢中～高區域呢？
是
YES
避難
家中（建築物）是否安全無虞？
好像不安全
NO
有防災準備嗎？
有！
YES
居家避難

居家避難的優點

- 可保有個人隱私。
- 擁有自己的防災糧食。
- 擁有替換衣物。
- 擁有個人空間。
- 不用在意周圍目光。
- 在習慣的場所會有安心感。
- 能和家人或寵物在一起度過等等…

居家避難的缺點

- 無法得到最新情報。
- 因為孤立可能會感覺不安。
- 沒有外力幫助。
- 救助容易延遲（※視情況而定）。
- 救援物資不會送來（※視情況而定）。
- 要對自己負責而造成壓力等等…

可以居家避難的條件是——
1. 所在地不在災害潛勢區域。
2. 建築物安全無虞。

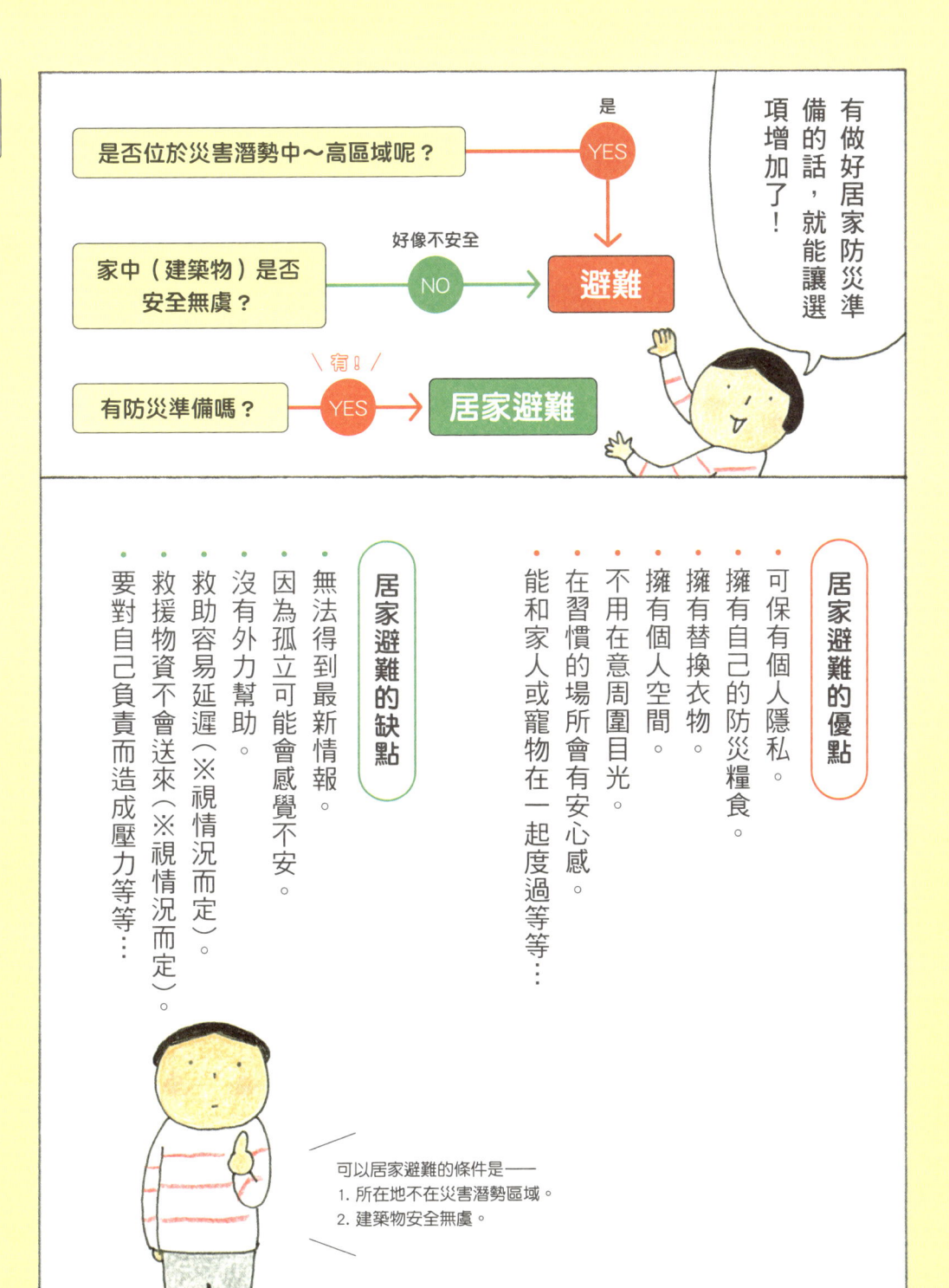

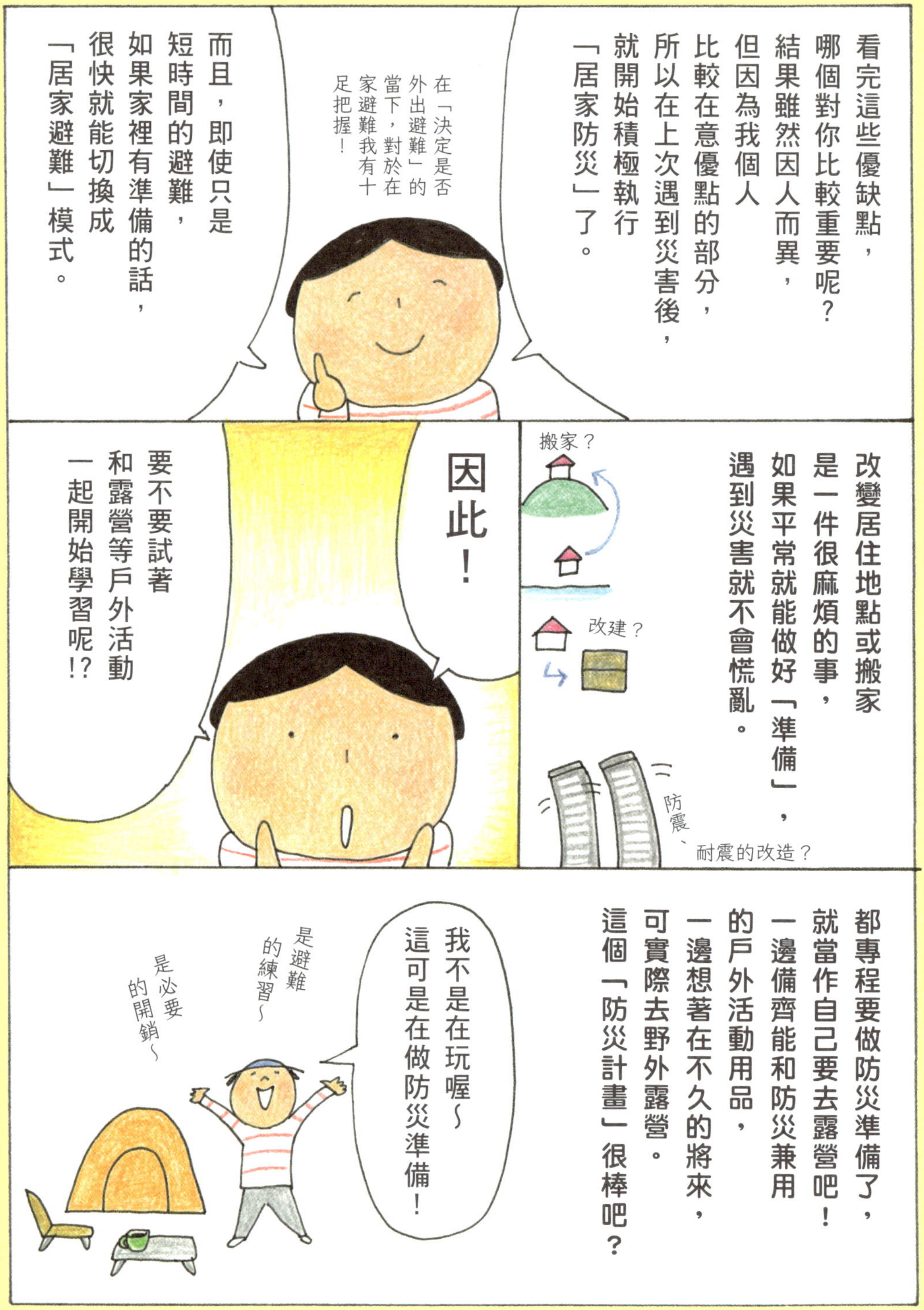
看完這些優缺點，哪個對你比較重要呢？結果雖然因人而異，但因為我個人比較在意優點的部分，所以在上次遇到災害後，就開始積極執行「居家防災」了。
在「決定是否外出避難」的當下，對於在家避難我有十足把握！
而且，即使只是短時間的避難，如果家裡有準備的話，很快就能切換成「居家避難」模式。
改變居住地點或搬家是一件很麻煩的事，如果平常就能做好「準備」，遇到災害就不會慌亂。
搬家？
改建？
防震、耐震的改造？
因此！
要不要試著和露營等戶外活動一起開始學習呢!?
都專程要做防災準備了，就當作自己要去露營吧！一邊備齊能和防災兼用的戶外活動用品，一邊想著在不久的將來，可實際去野外露營。這個「防災計畫」很棒吧？
我不是在玩喔～這可是在做防災準備！
是避難的練習～
是必要的開銷～

希望大家把目標放在「需要過夜」的戶外露營活動。
那對防災準備才有幫助。
本人親自實證過。
話雖如此，只有這樣是不夠的。還要擁有關於防災的知識或用品，這點也需要注意。
如果再停電兩天的話，就去避難所才好吧？
???
因此，我根據經驗，設計了可在兩天之內完成的「居家防災挑戰」。
從防災士的觀點
設計了好玩又實用的遊戲
從露營的有趣觀點出發，卻是為了「居家避難」而做的防災計畫！
・想重新檢視居家防災的家庭
・在災害發生時優先考慮居家避難的人
・暑假期間的親子課外活動
・已經有露營經驗的家庭
本書特別適合以上這些人，請全家一起挑戰看看！
一定會有新的發現！

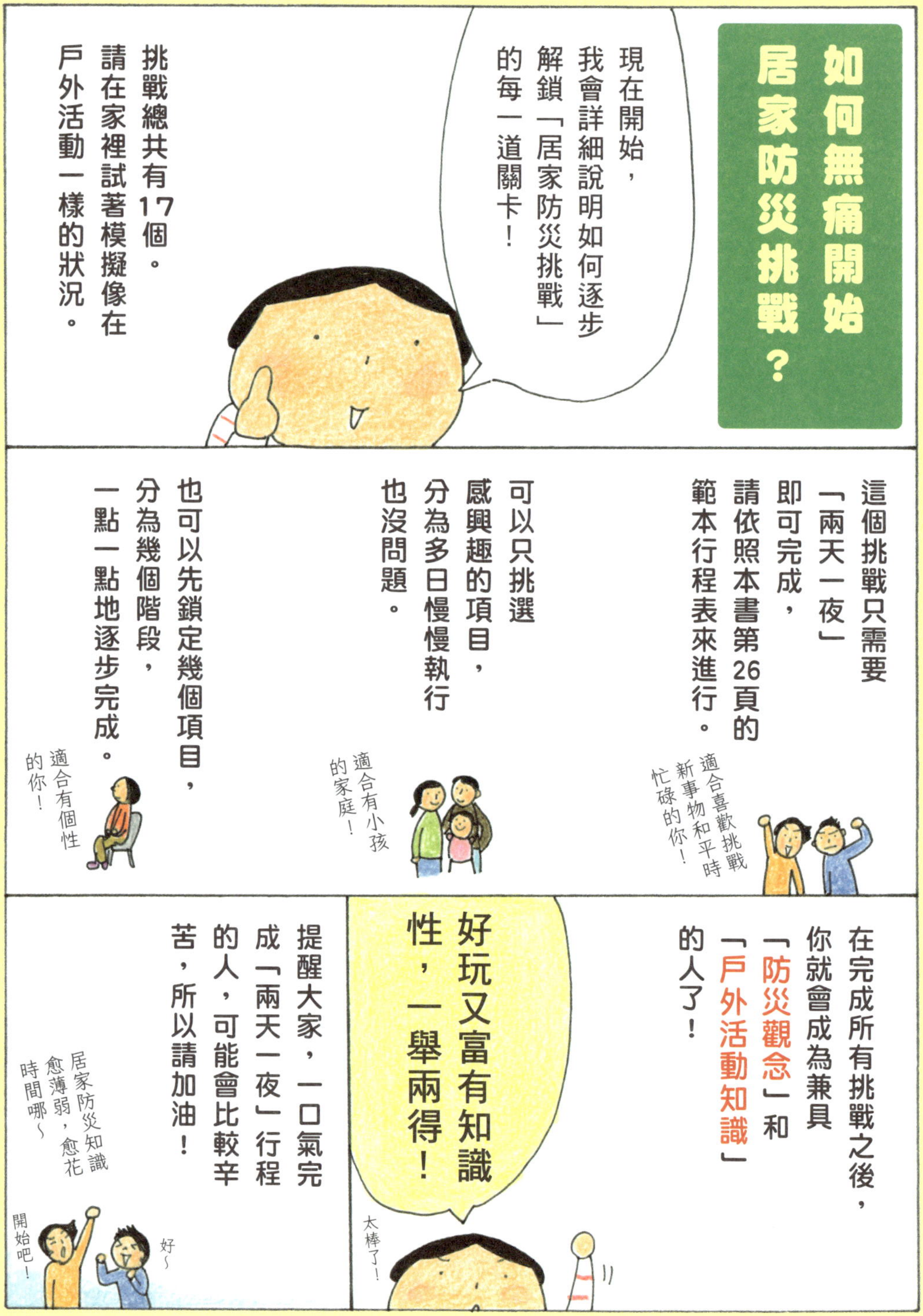
如何無痛開始居家防災挑戰？
現在開始，我會詳細說明如何逐步解鎖「居家防災挑戰」的每一道關卡！
挑戰總共有17個。請在家裡試著模擬像在戶外活動一樣的狀況。
這個挑戰只需要「兩天一夜」即可完成，請依照本書第26頁的範本行程表來進行。
適合喜歡挑戰新事物和平時忙碌的你！
可以只挑選感興趣的項目，分為多日慢慢執行也沒問題。
適合有小孩的家庭！
也可以先鎖定幾個項目，分為幾個階段，一點一點地逐步完成。
適合有個性的你！
在完成所有挑戰之後，你就會成為兼具「防災觀念」和「戶外活動知識」的人了！
好玩又富有知識性，一舉兩得！
太棒了！
提醒大家，一口氣完成「兩天一夜」行程的人，可能會比較辛苦，所以請加油！
居家防災知識愈薄弱，愈花時間哪～
開始吧！
好～

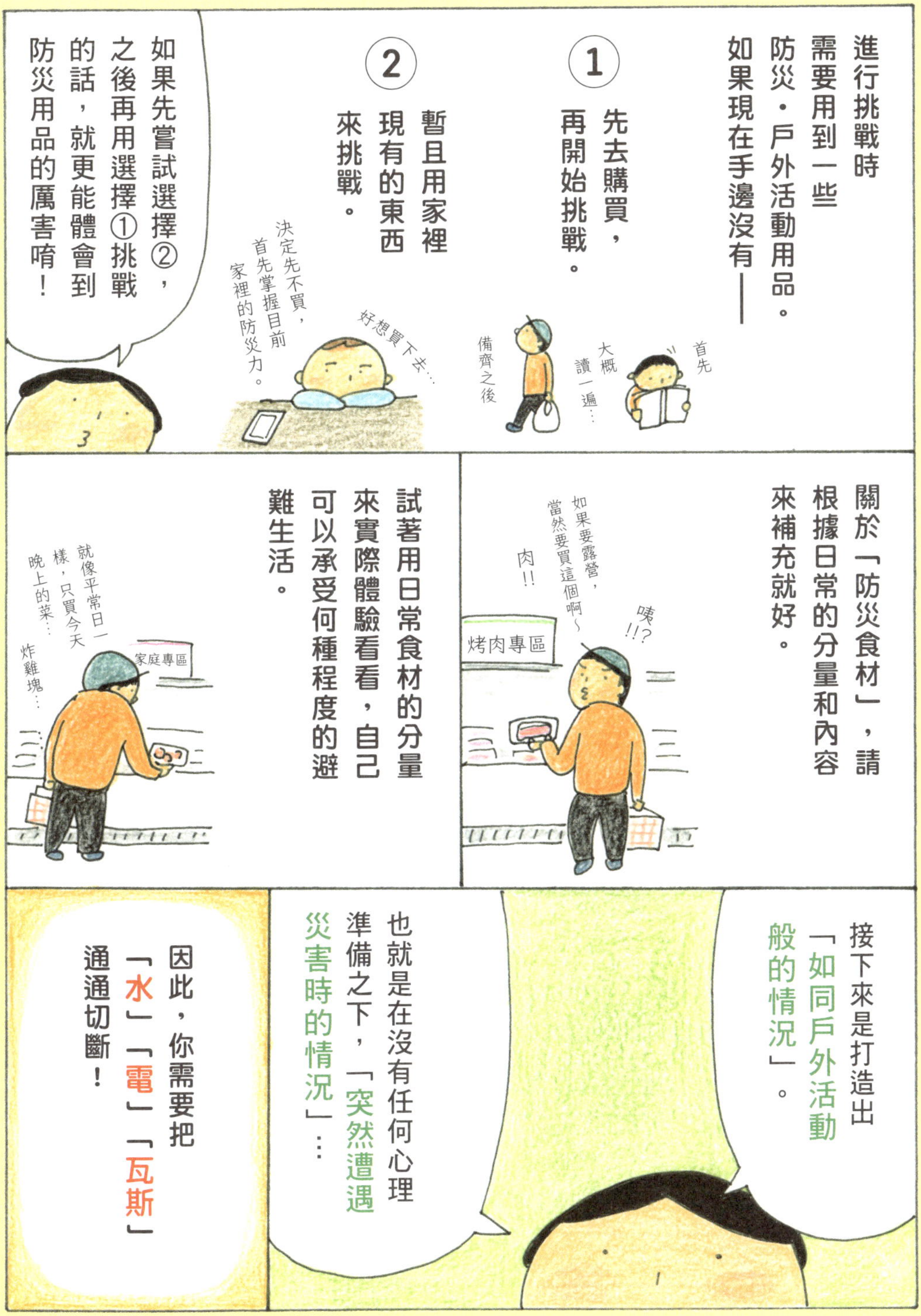
進行挑戰時需要用到一些防災・戶外活動用品。如果現在手邊沒有——
① 先去購買，再開始挑戰。
首先
大概讀一遍…
備齊之後
② 暫且用家裡現有的東西來挑戰。
好想買下去…
決定先不買，首先掌握目前家裡的防災力。
如果先嘗試選擇②，之後再用選擇①挑戰的話，就更能體會到防災用品的厲害唷！
關於「防災食材」，請根據日常的分量和內容來補充就好。
咦!!?
如果要露營，當然要買這個啊～
肉!!
烤肉專區
試著用日常食材的分量來實際體驗看看，自己可以承受何種程度的避難生活。
就像平常日一樣，只買今天晚上的菜…
炸雞塊…
家庭專區
接下來是打造出「如同戶外活動般的情況」。
也就是在沒有任何心理準備之下，「突然遭遇災害時的情況」…
因此，你需要把「水」「電」「瓦斯」通通切斷！

畢竟只是模擬遭遇災害時的情景，不一定要關閉電源總開關。
嗯？
雖然真的關掉會更接近真實
感受到生活受限制，但不要太過極端。
要做到什麼程度就交給各位自行斟酌……
努力！
開挖
但在這之中，一定要嘗試的挑戰是——完全不能使用「電力」以及「自來水」。
關
要全部關掉是嗎？
新冠疫情期間，曾興起「在家露營」的風潮。但這兩者之間的目的並不同。
不會有人把這當成是接近大自然的戶外活動吧……
現在沒人在家露營了吧？
但是，我認為想要學會「在戶外露營」的人，也能把「居家露營」當成有效的練習。
「戶外露營」和「在家露營」畢竟還是有根本上的差距。
但是，比起突然就來到戶外開始沒水沒電的露營生活，如果能先在家體驗看看，可以增加不少經驗值喔。
嗯嗯

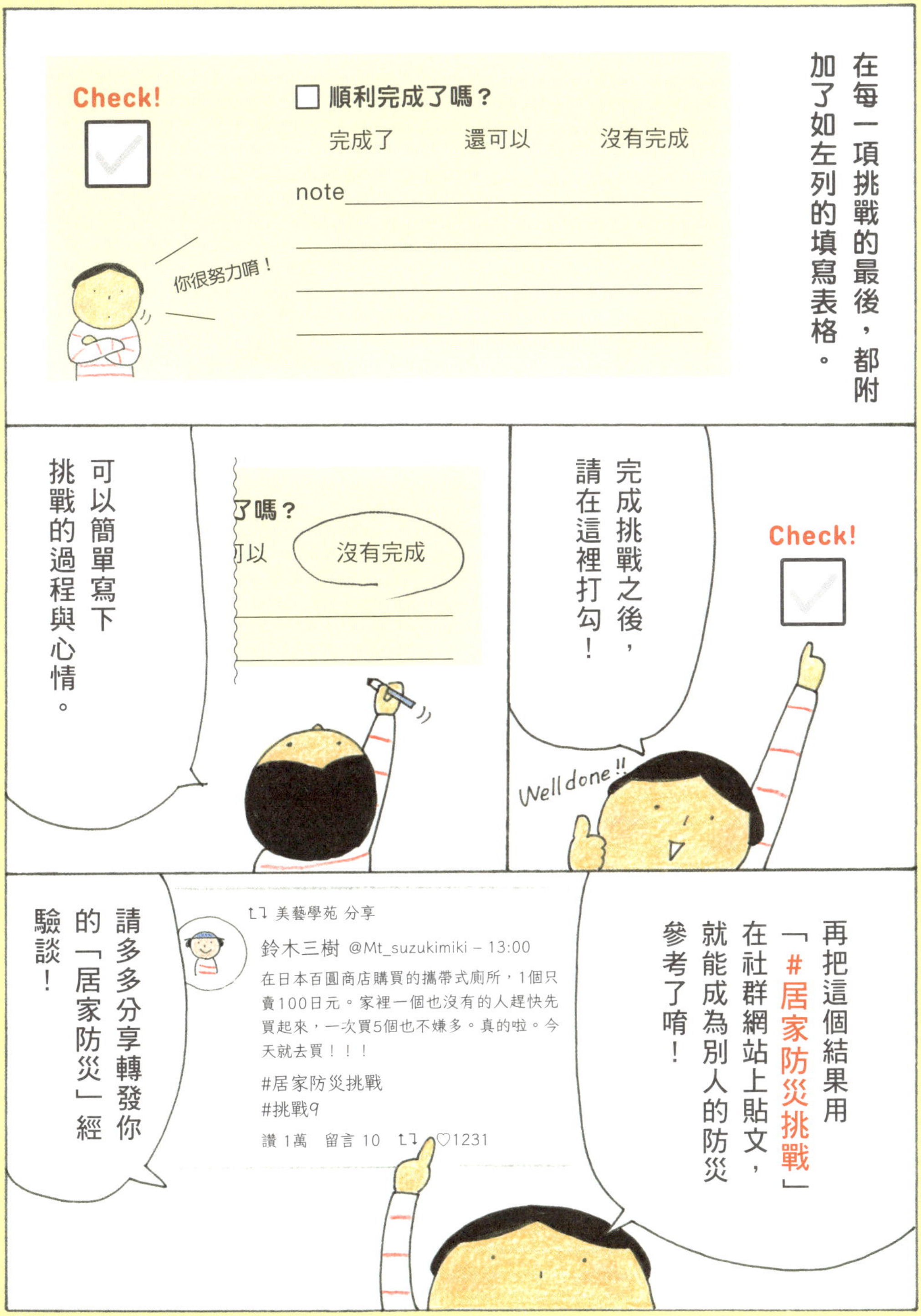
在每一項挑戰的最後，都附加了如左列的填寫表格。
Check!
□ 順利完成了嗎？
完成了 還可以 沒有完成
note
你很努力唷！
完成挑戰之後，請在這裡打勾！
Check!
Well done!!
可以簡單寫下挑戰的過程與心情。
了嗎？
沒有完成
再把這個結果用「#居家防災挑戰」在社群網站上貼文，就能成為別人的防災參考了唷！
美藝學苑 分享
鈴木三樹 @Mt_suzukimiki – 13:00
在日本百圓商店購買的攜帶式廁所，1個只賣100日元。家裡一個也沒有的人趕快先買起來，一次買5個也不嫌多。真的啦。今天就去買！！！
#居家防災挑戰
#挑戰9
讚 1萬 留言 10 ♡1231
請多多分享轉發你的「居家防災」經驗談！

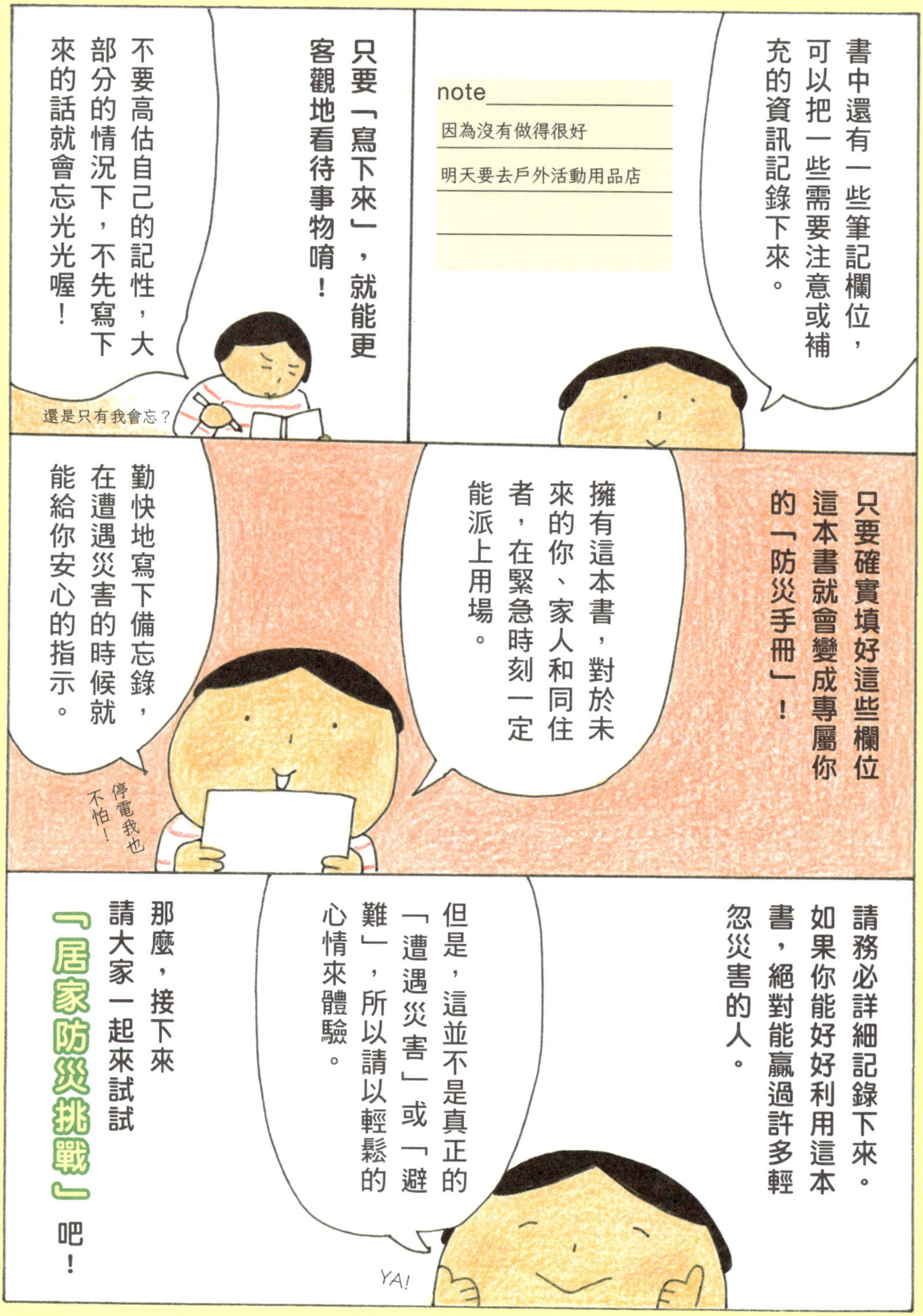
書中還有一些筆記欄位，可以把一些需要注意或補充的資訊記錄下來。
note
因為沒有做得很好
明天要去戶外活動用品店
只要「寫下來」，就能更客觀地看待事物唷！
不要高估自己的記性，大部分的情況下，不先寫下來的話就會忘光光喔！
還是只有我會忘？
只要確實填好這些欄位這本書就會變成專屬你的「防災手冊」！
擁有這本書，對於未來的你、家人和同住者，在緊急時刻一定能派上用場。
勤快地寫下備忘錄，在遭遇災害的時候就能給你安心的指示。
停電我也不怕！
請務必詳細記錄下來。如果你能好好利用這本書，絕對能贏過許多輕忽災害的人。
但是，這並不是真正的「遭遇災害」或「避難」，所以請以輕鬆的心情來體驗。
YA!
那麼，接下來請大家一起來試試「居家防災挑戰」吧！

第2章

大人小孩一起來！

兩天一夜的
居家防災挑戰

model schedule

居家防災挑戰範本行程表

以下是兩天一夜的「居家防災挑戰」詳細行程表。
在每一項任務達成後，就在確認的方格裡☑打勾，請以「全部完成」為目標！
所有的任務順序都可以更換，或是以日程做劃分，一天只做一個挑戰也OK！

開始挑戰前

準備居家防災用品

☐
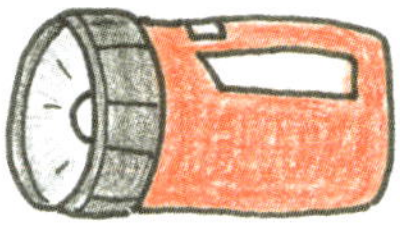
手電筒→P.87

☐
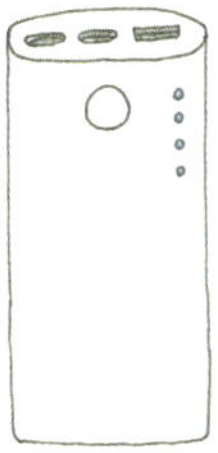
行動電源→P.89

☐
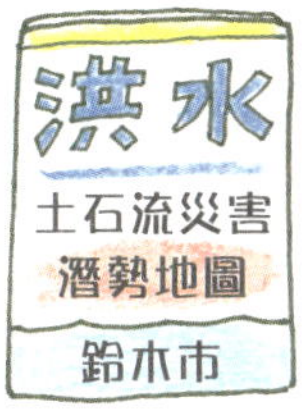

災害潛勢地圖
→P.28,30,66

☐

卡式爐
＋瓦斯罐→P.56
1人1罐以上。

☐

耐熱塑膠袋→P.54
耐熱溫度100℃以上的乾淨塑膠袋數個。

☐

瓶裝水→P.84
1人6公升以上，也可以準備其他飲用水。

☐

攜帶式廁所→P.68,69
1人3個以上。也可以準備自製廁所的材料。

在 11 13 15 的挑戰中需要使用的物品

如果家中有這些物品，請試著挑戰看看吧！
這些也是戶外露營的必需品。如果事先準備好，將來很有機會派上用場。

☐

13 **攜帶式淨水器**→P.82

☐
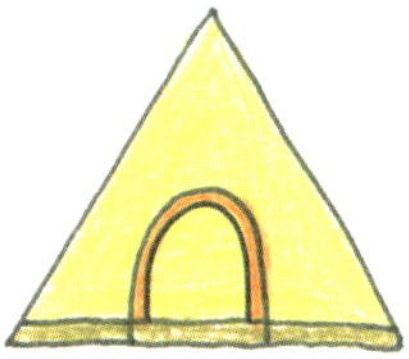
11 **帳篷**→P.75

☐
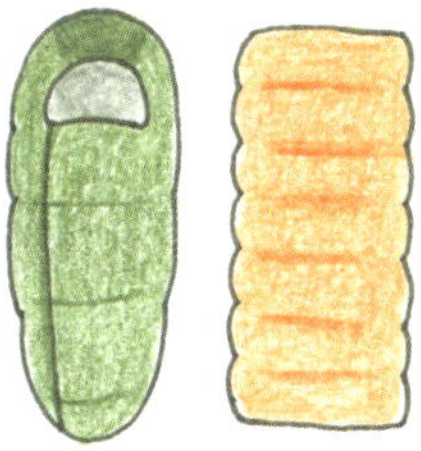
15 **睡袋＋睡墊**→P.90

確認災害潛勢地圖

首先從這裡開始！

所謂災害潛勢地圖，是用來顯示特定地區內可能會發生的各種自然災害（如地震、洪水、土石流、颱風、火山爆發等）潛在風險的地圖。根據地理、地質、氣象、水文等數據，並結合歷史災害資料和未來可能的災害情境來製作。

各地點依照災害的種類或影響的程度會有所不同，因此防災的方法會有很大的差異。首先，請從地圖上確認你家的潛在災害資訊，以便規劃防災措施。

STEP 1

從災害潛勢地圖上找到自己家

「3D災害潛勢地圖」是一個政府製作的網站，可快速查詢全台灣各地的災害潛在危機。請先在地圖中輸入地址，即可得出各種災害的分析報告。

網址：https://dmap.ncdr.nat.gov.tw/

取得方法的詳細介紹請見→P.30

STEP 2

把可能會發生的災害種類以及附近避難資訊記錄下來

大部分的災害潛勢地圖都是以顏色來區分標示危險度（綠、黃、紅等等）。那麼，你家位在什麼顏色的區域呢？請填入左頁的表格之中。

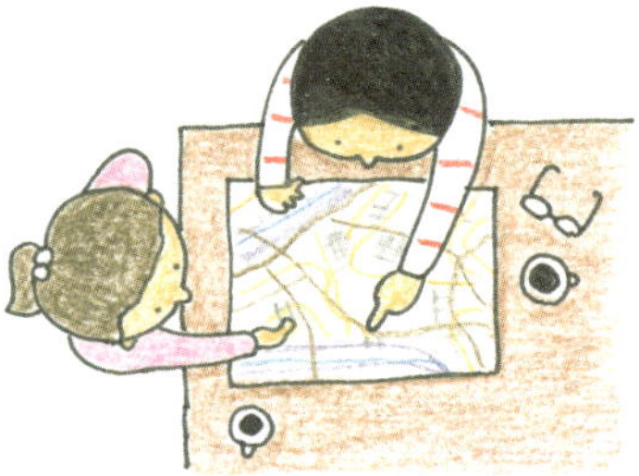

露營 memo

進行各種戶外活動之前，第一步也是先查詢地圖決定地點，確認目的地是否有潛在危機。從地圖上的資訊來推測在那裡可能會有的危險，才知道該準備什麼樣的衣物以及該攜帶哪些物品。

確認住家附近的避難場所！

不能只是寫下離住家最近的避難所，請填入兩個以上步行可抵達的地點

	附近的避難場所・暫時性的避難場所名稱	對應的災害
例	大安森林公園	洪水
1		
2		
3		
4		

確認一下附近的供水站！

如果災害潛勢地圖上沒有標記，可前往台灣自來水公司網站查詢防災用的「緊急維生給水站」清單

1	
2	

Check!

☐ **我家可能遭遇那些災害和災害潛勢等級**

請在符合的項目上畫○

如果位在高災害潛勢區域內請畫◎

地震　海嘯　洪水　土石流　火山爆發

其他（　　　　　　　　　）

note ______________________

獲取防災資訊與查詢災害潛勢地圖

如果不懂得解讀災害潛勢地圖，防災計劃就無法開始，這是最基本的防災技能。不擅長看地圖的人也請務必好好學習，先從家裡附近的範圍開始查看，也許沒有你想像得這麼難喔！

如何獲取住家附近的防災資訊

在日本，家家戶戶都會分發一本「災害潛勢地圖」；台灣則可以在網路上搜尋並下載。請在網路上搜尋「3D災害潛勢地圖」，或是輸入以下網址，手機或電腦皆可使用。

政府設立的官方網站

進入網站後即可看到地圖介面。由於可以查到全國各鄉鎮市區的災害潛勢資訊，因此除了自宅以外，若想了解其他親戚的住家或是公司等地點，也可直接輸入地址查詢。

3D災害潛勢地圖

https://dmap.ncdr.nat.gov.tw/1109/map/#

「災害潛勢地圖」的作用是用來預測潛在災害風險區域，「民生示警公開資料平台」則提供即時的災害警報和相關數據，幫助民眾在災害發生時迅速反應。

民生示警公開資料平台

https://alerts.ncdr.nat.gov.tw/

各縣市區公所的官方網站

大部分鄉鎮市區的官方網站，都可瀏覽並下載災害潛勢地圖。雖然多少會有畫質的問題，但為了避免災害發生時無法上網，先列印下來會比較安心。

消防單位的防災手冊

在內政部消防署以及地方政府網站，皆可下載家庭防災手冊。例如居住在新北市，搜尋「新北市＋防災手冊」即可。目前台灣推行無紙化政策，相關資訊以發行電子書為主。

如何解讀災害潛勢地圖

即使災害發生在同一個區域，由於地形或地質有所差異，造成災害的程度也會不同，這就是解讀災害潛勢地圖的重要性。例如，若該區域沒有火山，就不會製作火山爆發的潛勢地圖。（註：以下以日本的災害潛勢地圖資訊為例。）

地震

有發生地震之可能性的斷層，或是根據歷史資料而推測出可能發生地震的最大震度，會以顏色區分來表示。依據這些資料，可推測出建築物全毀的機率，或是土壤液化的危險度。

海嘯

按照地形或歷史資料而推測出需要避難的區域，會以顏色區分來表示。在日本，為了能快速避難，地圖上不只會標示危險度，就連前往避難場所的避難路徑也會標示。

淹水

容易因為短時間強降雨、連續性大雨或是河川潰堤造成淹水的區域，會以顏色區分來表示。除了累積雨量，也會依據地形、地質以及過去的災害經歷為基準來模擬。

火山

預測因火山爆發而發生的熔岩流或火山碎屑流可能會到達的區域，會以顏色區分來表示。也能知道火山灰的飄散範圍。由於日本境內有不少活火山，因此有多達102個鄉鎮製作火山地圖。

尋找避難所的重點

發生大淹水時的範例

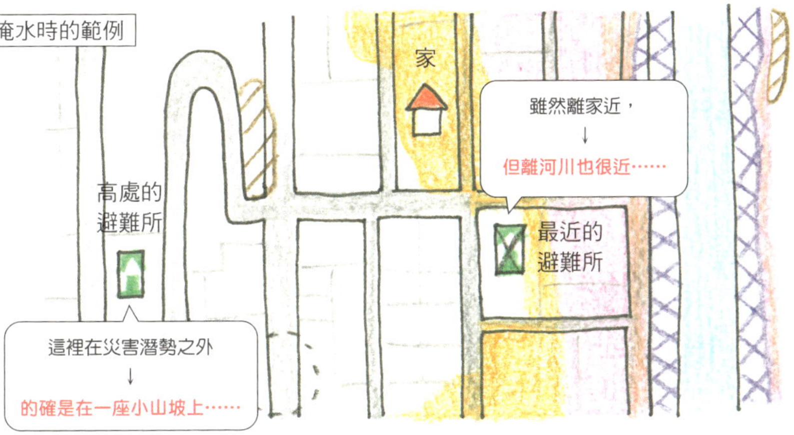
家
高處的
避難所
這裡在災害潛勢之外
↓
的確是在一座小山坡上……
雖然離家近，
↓
但離河川也很近……
最近的
避難所

圖例

- 指定緊急避難所
- 發生某種災害時無法使用的指定緊急避難所
- 發生淹水時地面可能會削減或地層下陷的區域
- 土石流區域
- 歷史上曾經發生淹水的區域

預測的淹水高度

- 3.0m～5.0m
- 0.5m～3.0m
- 0.5m以下
- 積水

※此為日本自治區的災害潛勢地圖圖例，謹供參考。

前一天的待辦事項

準備好防災用品，也確認了災害潛勢地圖之後，「居家防災挑戰」的準備就完成了。按照範本行程表來挑戰的人，請在前一天完成以下三項任務，才能上床睡覺喔！

Check!

浴缸儲水

即使浴缸很小，如果裝滿的話，也能儲存200公升以上的水。因為在挑戰中要模擬停水狀態，所有生活用水都要從這裡取用，所以請先將浴缸清潔乾淨後裝滿水吧！

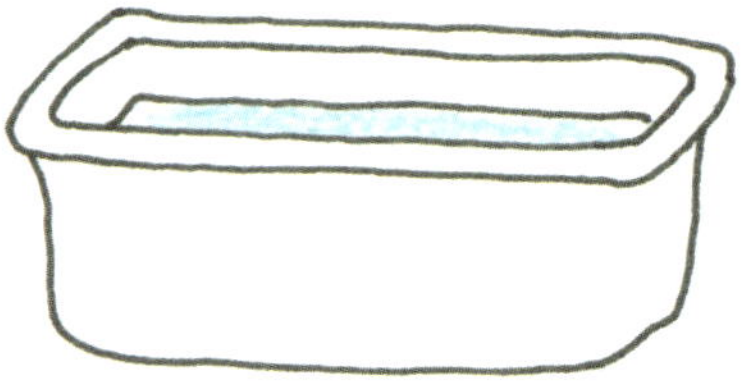

Check!

手機或行動電源先充滿電

所有需要充電的東西，請都先把電充飽。如果是裝乾電池的用品，不需事先換新的電池，請以平常的狀態試著挑戰看看。

Check!

設定鬧鐘

明天鬧鐘響了之後，就開始進行07的挑戰，這樣比較有臨場感。把明天鬧鐘設定在11:58和14:46，這就是災害發生的時間！起床時間建議在早上九點前。

居家防災挑戰

DAY1

在家打造假想的戶外環境～
停電、停水、沒有瓦斯！

吃過早飯、上完廁所後，
就用露營的心情開始「居家防災挑戰」吧！

01

重新檢視即食料理

本書把「不必弄髒鍋子就能吃的東西」列為即食料理！

STEP 1

把所有即食料理集合起來

如果分散在不同地方保存的話，可能就會忘了這些東西的存在…

STEP 2

將食物分類

杯裝泡麵

調理包（丼飯、義大利麵等等）

袋裝泡麵

罐頭類

可以在常溫下長期保存的即食料理，也許你平日就已經囤了很多貨，卻也是避難生活中不可少的「最強防災食品」。話雖如此，如果囤積太多也有過期的可能，緊急時刻要吃的時候，卻發現早就過期了，硬是吃下肚子可能會生病，那只會讓避難生活變得更糟而已。比起特別購入能久放的防災食品，建議使用平常就會吃的即食料理即可，一邊維持適當的分量、一邊偶爾拿來享用，如此「循環儲糧」才是聰明的做法。目標是一人要儲備10餐的分，現在請檢查家中是否有一人10餐的足夠數量。

STEP 3

依保存期限順序來排列保存

把期限較近的東西，按照容易拿取的順序來排列。

把印有保存期限的那一面朝上會比較容易確認唷！

吃了可能會對身體不好的過期品，請跟它說「對不起，以後我會注意的」，然後立刻丟掉！

Point

製作「優先使用」儲備箱

需要在近期內吃掉的東西，請集中在一個地方保存，放在看得到的場所，以免忘了吃就過期了。藉由這個小技巧，就能減少浪費食物的情況。

露營 memo

即食料理也是進行戶外活動的好幫手！不知道為什麼，同樣的東西在戶外享用，就會變得特別好吃！把打算在戶外活動使用的即食料理加入「循環儲糧」的清單中，準備食材會變得更加有趣。

Check!

☐ **即食料理足夠吃幾餐呢？**

調理包＿＿＿＿包　杯麵＿＿＿＿杯

罐頭＿＿＿＿個　袋裝泡麵＿＿＿＿包

☐ **這次的過期品記錄**

商品名＿＿＿＿＿＿＿＿＿＿＿＿

＿＿＿＿年＿＿＿＿月＿＿＿＿日

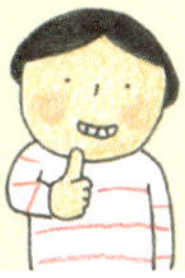

沒有過期品？太厲害了！

01 推薦的防災食品

除了常溫可保存的即食料理，市面上還有專為緊急情況設計的「防災食」，保存期限長達兩年以上，但價格比較高。因此，建議大家把「緊急糧食」以日常也可使用、相對平價、可常溫保存的即食料理來替代吧！

碳水化合物

碳水化合物是能量的主要來源，因此是食物清單絕不可少的東西。以下介紹在戶外活動時也很方便的輕量食材。

乾燥白飯

只要將熱水或冷水倒入袋子內的線，等待20分鐘（熱水）或60分鐘（冷水）就能吃到白飯。採用日本國產稻米製作，用特殊的方法讓米飯乾燥，可以在常溫下長時間保存，在防災和戶外活動方面很受歡迎。在各大網路商店皆可購得。

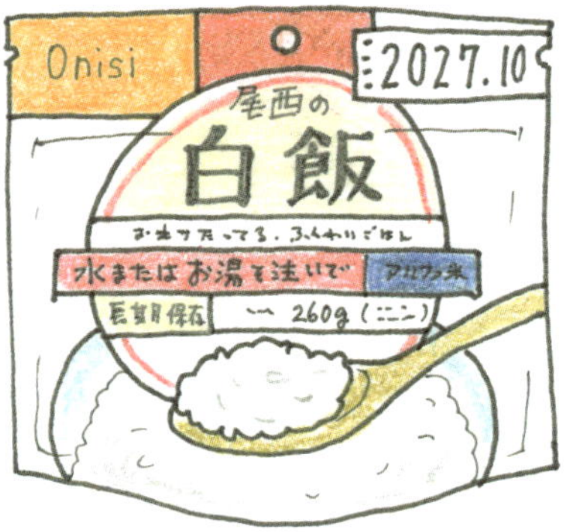

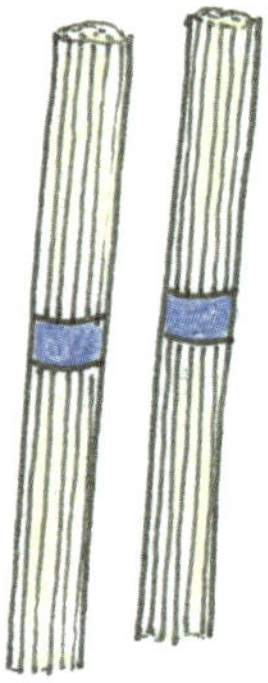

日本素麵

馬上可以煮熟，優點是煮麵水的混濁度和鹹度都比較低，可以直接當成湯飲以補充水分。

麵粉

和水混合後即可製成麵團，水煮、煎烤或是包東西皆可，甜鹹食物都能做，可自由運用！

庫斯庫斯（古斯米）

源自北非的傳統食物，是世界上最小的粒狀麵食，只要倒入熱水拌一拌即可食用。搭配咖哩特別對味，大力推薦！

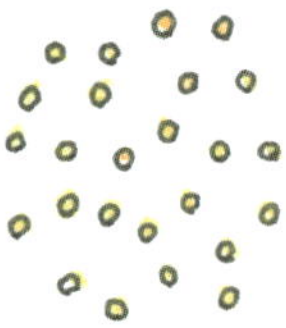

比起吃了很快就會餓的麵包，建議選飽足感佳的食材！

燕麥片

加入牛奶或熱湯泡開後就很美味，也可以加入早餐穀片，營養價值高，使用和保存上都十分方便。

蔬菜

進行避難生活或長時間的戶外活動時，容易有蔬菜攝取不足的問題。請在即食料理中多加入一點蔬菜量，來維持營養均衡。

乾燥蔬菜

雖然可以用食物乾燥機自製，但市面上可以買到「綜合乾燥蔬菜包」，使用起來更方便。

乾燥海帶芽

包括昆布、裙帶菜、乾香菇等蔬菜，膳食纖維和礦物質都很豐富，搭配湯品還可帶出鮮味，是優質食材之一。

蔬菜汁

可以直接喝，也可以用來煮湯。請選擇可以常溫保存的商品。

其他可常溫保存的食材還有乾蘿蔔絲、冬粉以及高野豆腐等等，乾燥食品是防災時的好伙伴！

肉・魚・蛋白質

蛋白質和脂質是維持健康和活力的重要營養素。以下這些商品都不需要冷藏或冷凍保存，也能攝取到優質的營養。

柴魚片

高蛋白、低脂肪，富含人體無法製造的必須胺基酸。不管吃什麼都撒上一點，增加口感又讓食物變得更美味！

魚罐頭

市面上有鮪魚罐頭、鯖魚罐頭、沙丁魚罐頭等等豐富的選擇，可以直接開來吃，也可以當作配料。剩餘的油或調味汁也不要丟掉，可以用來拌飯或炒菜。

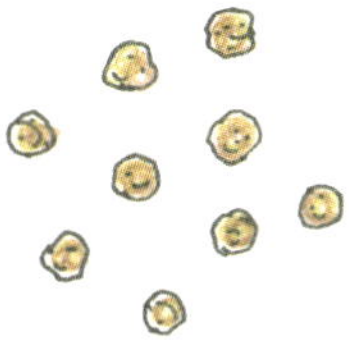

素絞肉（乾燥大豆）

可代替肉類的豆肉，不用特別泡水，直接放在拉麵或調理包裡即可享用。

豆漿

在未開封的狀態下，常溫環境下也可以長久保存，但不要因此買大量來囤貨。小瓶裝的尺寸，很快就可以喝完也是優點。

甜點・零食

補充糖分能夠有效穩定情緒。即使是平常不太吃甜食的人，為了安撫避難時的不安情緒，請放鬆地享受一些甜食吧！

健康營養棒

同時能攝取到足夠的營養和熱量，在沒有食欲的時候也能派上用場。在戶外活動的緊急糧食中也是必備品。

羊羹

具有飽足感，常溫環境下也可以長久保存，感覺一吃就會神清氣爽充滿活力。

黑糖

含豐富礦物質，富含的葡萄糖能在體內快速轉化為能量，快速消除疲勞，還能幫助腸道蠕動。

02 清理冰箱

STEP 1

把冰箱裡的東西全部拿出來

如果無法一次清理完成，分幾個階段執行也沒關係。

網路上可以買到日本製的「冰箱＆微波爐專用清潔濕巾」，除菌、消臭、去污一次完成。使用起來超方便，十分推薦！

STEP 2

也可以只清理有髒汙的地方

如果清理時需要用水，請取浴缸的水來使用。

STEP 3

一邊檢查保存期限一邊把食材放回去

冰箱裡面如果放滿食物，冷空氣的流動就會變差，消耗的電力也會提高。定期清理冰箱對省電也有幫助喔！

很多蔬菜或水果在常溫下保存也OK！

平時我們理所當然用來冷藏食物的冰箱，一旦停電，就只不過是一個「普通的箱子」而已。即使不開開關關，大約停電二十四小時後，冰箱裡的溫度就會變得和外面差不多，冷凍品也幾乎都會融化。或許你會認為，如果食物壞掉了就直接丟棄即可，但別忘了，遇到災害時，垃圾車是不會來的。因此，平常就要謹守「不要買太多生鮮食品來囤貨」「開封之後儘快使用完畢」「遵守使用期限」這些原則，這就是最好的防災。請再檢查看看，有沒有因為「不放冰箱」就會立刻變質的東西吧！

準備好了嗎？現在開始要從冰箱挖掘化石了喔！

防災 memo

一般冰箱可分為溫度在0-10℃之間的「冷藏室」和-12至-18℃之間的「冷凍庫」。有實驗顯示，一旦停電，即使不「開開關關」，冷藏室的溫度在半天後會上升到將近14℃，但冷凍庫的食品之間卻會互相發揮保冷效果。因此，停電時可快速將必須冷藏的東西移動到冷凍庫，同時也把冷凍過的保冷劑移到冷藏室，這麼做就能相互爭取時間。

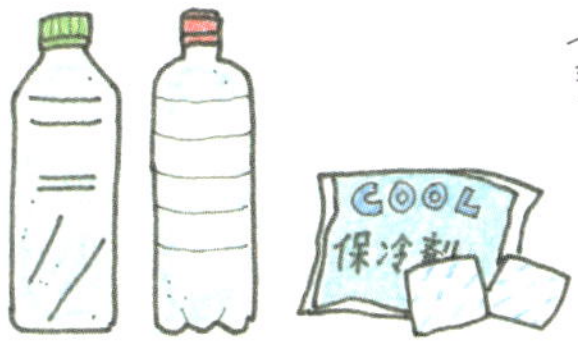

預先把裝滿水的保特瓶冷凍起來備用吧！不僅能當作保冷劑使用，解凍後也可以是飲用水，真是一舉兩得！

露營 memo

露營時，放入保冷劑的冰桶可以當作冰箱使用。雖然保冰效果視當時各種條件而定，但是比起停電時的冰箱，這麼做可以更長時間保冷。如果家中有大型保冰桶，在家避難時一定能派上用場。

在我家，平常把釣魚用的保冰桶當成蔬菜保鮮室來使用！

Check!

- ☐ 家中備有幾天份的食材呢？＿＿＿＿＿＿天份
- ☐ 目前家中冰箱的內容量是？
  爆滿狀態　　適量　　好像不太夠
- ☐ 停電的時候要最優先使用的食材＿＿＿＿＿＿
- ☐ 從冰箱挖掘出來的化石＿＿＿＿＿＿

這是重新檢視購物方式的好機會！

02

醃漬 延長食材壽命的方法①：

停電了！冰箱裡的生鮮食材就是令人最頭痛的事。如果會連續停電24小時以上，請務必試試藉由「醃漬」來延長食材壽命的方法。

醃漬

肉、魚、蔬菜等食材，如果不低溫冷藏，很容易變質。建議使用鹽、味噌、醬油、醋或油進行醃漬，以延長保存期限。

日式味噌醃豬肉

將食材外層包裹上味噌，即使是生的食材也能延長保存期限。
由於酵素的作用，烹調後不僅不會變硬，還能提升鮮味喔。

【材料和作法】

1. 把擦乾水分的豬肉、味噌（量稍微多一點）、砂糖、酒或味醂（依個人喜好添加）、大蒜或薑放入塑膠袋裡。

味醂
碎肉塊、五花肉、豬排
什麼肉都可以！

2. 像是要用調味料把整塊肉包覆住一樣的感覺，稍微搓揉一下，然後把肉攤平。儘量把空氣排出去，密封後放在陰暗的場所保存。

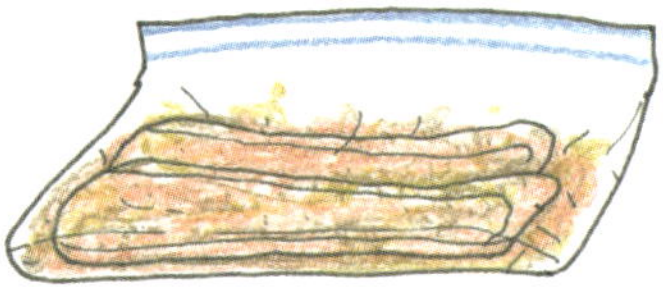

稍微煎一下
就很好吃！

※保存期限依季節、地域、個人腸胃狀態而有所差異，建議於1～2天以內加熱烹調並食用完畢。

露營 memo

在露營時，可能會在高溫的環境下運送食材，除了包裝外標示的保存期限，更需要運用自己的嗅覺、味覺甚至是第六感來確認食物是否已經變質。此外，從日常生活中就要先培養良好的免疫力和健康的腸道環境。根據本書介紹的菜單，事先將保存食材的技巧學起來，也是戶外活動的樂趣之一。

油漬綜合菇

只要將菇類浸泡在油裡，即可防止食材的氧化，延長保存期限。除了菇類之外，蔬菜或海鮮類（需加熱）也能用相同的方式製作，還能當成一種常備菜。

【材料和作法】

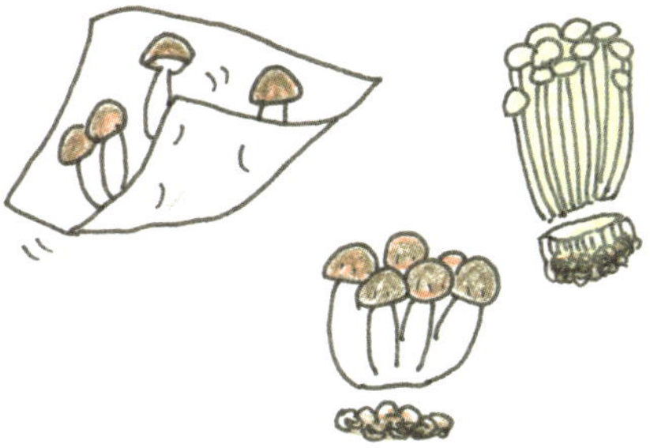

1

準備鴻喜菇、金針菇、杏鮑菇等菇類，不需用水清洗，用紙巾擦拭表面塵土即可，如果有出水請擦乾。

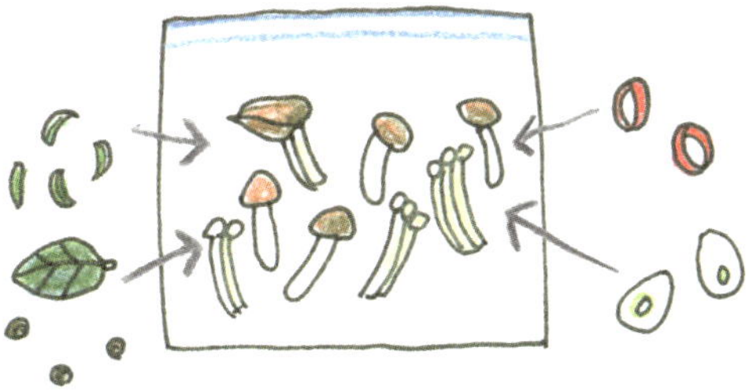

2

把1、大蒜片、朝天椒（依個人喜好添加）、月桂葉或迷迭香等香料放進塑膠袋裡。

★如果可以用火，就把所有的材料下鍋用橄欖油炒過。

3

把橄欖油倒進塑膠袋，確認所有食材都浸泡在油裡。把塑膠袋裡的空氣擠出來，密封後放在陰暗的場所保存。

4

加熱後即可食用。

加入義大利麵拌炒
是基本吃法，經典
的絕品美食！

Point

所謂「陰暗的場所」是指？

為了讓食材可以保存得更久，關鍵是在陰涼處保持恆溫狀態。即使不像冰箱這麼冷的地方也可以，請找到在白天氣溫不容易升高的場所吧。例如方位朝北的房間、陽光照射不到的下方層架等等。因為熱空氣會往上升，所以靠近地板的地方會稍微冷一點。

02

延長食材壽命的方法②：曬乾・煙燻

將食物「曬乾」和「煙燻」處理，是沒有冰箱的古早時代流傳下來的傳統方法。因為必須花一點工夫，也是打發時間的好方法唷。

曬乾

「水分」是讓食品腐敗或發霉的關鍵，因此乾貨有利於長期保存。請在氣象預報會有連續放晴的時候挑戰看看！

基本的曬乾方法

小番茄
白蘿蔔
胡蘿蔔
洋蔥
葉菜類
金針菇

1

把蔬菜和菇類切成容易曬乾的大小。

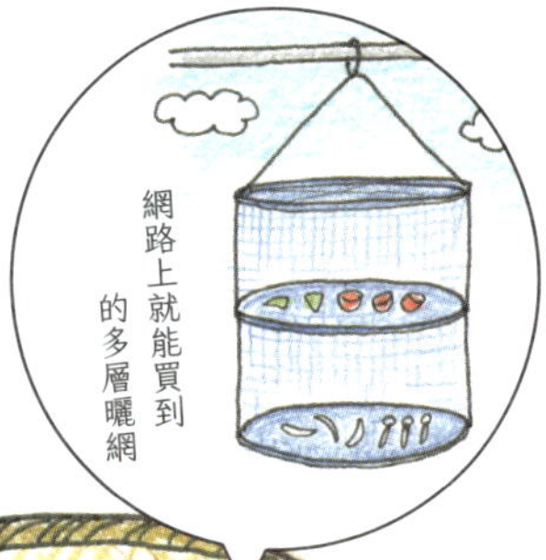

網路上就能買到的多層曬網

2

將食材平鋪在竹篩上，不要重疊在一起，放在通風良好的場所，直接在陽光下曝曬，偶爾翻面或是換位置。依季節或是天氣，大約2～3天可以曬好。請一邊觀察各種食材的變化，一邊調整日曬的時間。

★完全曬乾有利於保存，所以日曬的時間愈長愈好！

曬乾的蔬菜，可以當味噌湯的配料、用來燉湯。直接吃也是又甜又好吃唷！

煙燻

不管是露營時還是在街頭巷尾都很受歡迎的「煙燻料理」，其實在家也能輕鬆完成。如果想要長期保存的話，請延長煙燻的時間，或是在煙燻後再曬乾，徹底去除水分。

基本的熱燻法

乳酪
肉
煙燻水煮蛋、堅果類等食材也都很好吃～
維也納香腸
魚（已經清理內臟）
竹輪
青花菜也可以！

1

使用任何你覺得煙燻後好像會很好吃的食材皆可，切成容易食用的大小。

2

肉或魚用鹽調味（依個人喜好可加胡椒），或是使用鹽分濃度10～20%的食鹽水加入香草或辛香料的鹽水溶液醃漬。也可以使用自己喜歡的調味醬。

沙拉醬
烤肉醬

3

在中式炒鍋或平底鍋的底部鋪上鋁箔紙，抓一把煙燻木材（木屑）放上去（如果是油量較多的食材，木材上方要再放一張鋁箔紙）。

鋁箔紙
煙燻木材

★增加香味的煙燻木材（木屑），可在露營用品店或網路商店買到。

4

在❸的上面放烤網，把食材排上去。

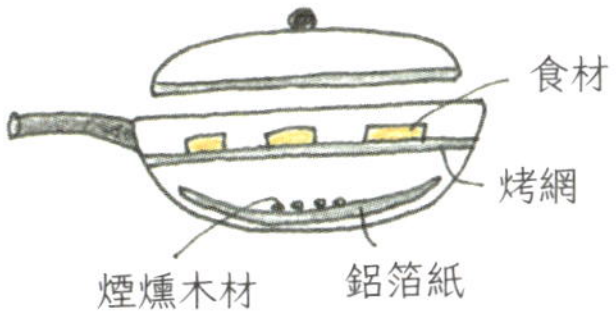
食材
烤網
煙燻木材
鋁箔紙

烤網

5

蓋上蓋子，用中～大火把煙燻木材燒到有煙出來後，再轉成小～中火燒10分鐘，關火。等到木煙消失，食材冷卻之後，裝進塑膠袋來保存。

煙燻
10分鐘

將肉或魚吊起來風乾，
就會變成肉乾！
晃動
風乾
輕輕

03

設計菜單

如何設計四餐份的菜單

根據任務01 02已確認的食材狀況為前提，
來規劃從今天午餐開始的四餐份菜單。
實際上是否要完全按照菜單來執行都隨你自己，
但至少要有一餐確實執行任務04 05或06！

RULE

- 用卡式爐來做菜
- 使用可節約能源的菜單
- 思考無法用水的菜單
- 只能開一次冰箱

露營memo

露營時也必須事先決定好菜單。但是，當你準備好食材和瓦斯罐出發後，也可能會發生忘了帶重要的物品，而不得不更換菜單的情況。這種時候，隨機應變來變化菜單，也是戶外活動的樂趣喔！

!?
仔細
翻找
忘了帶卡式爐……不會吧，
全部都要煮過才能吃……！？

停電停水的日子會持續幾天呢？會不會超過一個禮拜呢？避難生活無法預料會持續多久。雖然家裡有足夠的食材，但如果沒有經過計劃地隨意吃喝，很可能會讓接下來的日子陷入危機。

「這個如果先吃掉就好了……」

「什麼？還有這樣的東西？」

「每餐都吃一樣的東西，好膩啊……」避難生活的最大樂趣，就是如何在有限的條件之中，變化出營養均衡又美味的食物。因此，請確實掌握現有食材的庫存狀況，以保存期限的優先順序為依據來訂定菜單。

請好好思考一下優先順序吧！

Check!

規劃兩天一夜的避難餐單

4餐份

DAY1

☐ lunch:

______

______

______

☐ dinner:

______

______

______

要從什麼開始吃呢？

DAY2

☐ breakfast:

______

______

______

☐ lunch:

______

______

______

停電會持續到什麼時候呀～

注意食物衛生，
小心不要吃壞肚子！

03 節約用水・節省燃料的技巧

有限的燃料、無法隨意用水，以及想儘量減少需要清洗的物品——這些問題在戶外活動中也經常遇到。其實，只要在日常生活中加入一點小巧思，不僅節能減碳，也能讓環境更美好。

燃料

義大利麵泡水

將乾燥的義大利麵先浸泡約兩個小時，等水煮滾後只需再煮1分鐘，就能享受如同新鮮義大利麵一樣的口感。而且浸泡過麵條的水可以直接用來煮麵，因此請務必用足夠的水來浸泡。

彈牙有嚼勁～

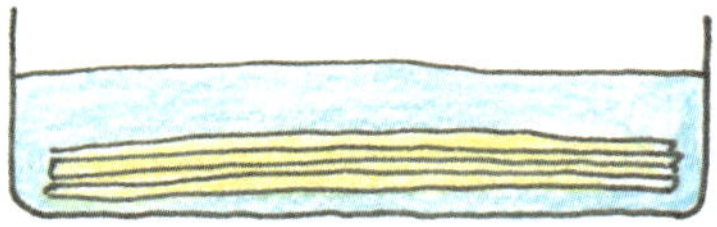

燃料

剩下的熱水倒進保溫瓶

只要將煮沸後剩下的熱水或隔水加熱後的熱水倒入保溫瓶，下次再煮沸時即可大大縮短時間。這樣一來，隨時都能快速喝到熱飲，十分方便。

即使只是蓋上蓋子也有保溫效果！

燃料

不要讓卡式爐用的瓦斯罐變得冰冷

瓦斯罐內的液態瓦斯在低溫下不易氣化。當氣溫低於10℃時，即使瓦斯罐內還有燃料，火力可能會變小。這時，可以將瓦斯罐用手掌或衣物包裹，稍微加溫一下。

燃料 水

平底鍋&平鍋蓋

當火焰接觸的面積較大時，烹調會更有效率。因此建議在炒菜或水煮食物時，使用平底鍋來進行類似蒸煮的方式。附鍋蓋且直徑稍大的平底鍋用途最廣泛，十分方便。

燃料 水

利用調理包或罐頭

如果事先準備好可直接食用的食材，就能選擇不需要燃料和水的料理方式。此外，果汁裡的調味汁或罐頭中的油，也能用來烹調，增加風味。

燃料

一鍋同時煮

如果一定要使用燃料，不妨試著將幾樣東西放入鍋裡一起料理吧！用一個鍋子就能快速完成豐盛的一餐。

水

煮過東西的水・剩下的水再利用

燙青菜的水，或是煮麵剩下的水等等，都已經特意用了燃料，如果就這樣丟掉就太可惜了。可以趁熱拿來洗東西，或是放涼了之後拿來沖廁所，這些都是可以再利用的寶貴資源唷！

露營 memo

在戶外活動中，我們不能隨意把湯湯水水倒掉。因此，最好是選擇不會產生廢水的料理，或者把所有的湯汁都喝掉。如果將熱水倒入沾有醬料或調味料的鍋子裡，不僅能輕鬆完成一碗湯品，如此一來鍋子也會變得好清洗，真是一舉兩得♪

04 簡單料理① 停水時的烹調方式

當災害來臨時，停電往往伴隨著「停水」，而在避難生活中，「水」是最寶貴的資源之一。根據防災理論，每人每天至少需要儲備3公升的水。然而，如果在料理時像平時一樣洗米、洗菜，儲備的水很快就會用完了！平時就有在做飯的人，通常會憑經驗目測用水量，很少會精確測量，對吧？如果能提前知道每個料理步驟的用水量，就可以更精準地調整儲水量，減輕對水資源不足的擔憂，並提高資源利用效率。

四餐之中，至少要有一餐試著自己料理看看！

STEP 1

預估並取出要使用的水量

估算出製作餐點（1餐份）所需的水量，在挑戰前從儲備好的飲用水中預先取出，放入其他容器中備用。

扣除飯後洗東西要用的水即可！
就算只是抓個大概
但還是要測量唷～
水
水

露營 memo

前往山區或海邊露營時，我們通常會在有機會取水時，提前備好飲用水。有時水源距離營地較遠，需要徒手搬運飲用水，因此了解露營期間需要的用水量，有助於減輕行李重量。部分設備完善的營地可能會供應自來水，但如果水源離帳篷很遠，情況也等同於遠距離取水。

STEP 2

只用另外取出來的水開始料理！

那麼，開始做菜吧！

RULE

- 水不夠時可再補充。但補充的來源不是從水龍頭，而是從挑戰前儲備的飲用水。每次追加的分量也要測量後再加入
- 也要設想好無法排水的情況
- 料理以外的用水，可以從儲存的浴缸水取用

…
咦？洗手的水呢？
蔬菜或菜刀怎麼辦？
呃，這個……

防災 memo

雖然直接吃市售的防災食品，既省水也省燃料，但通常這些食物的水分含量不足。雖然省水很重要，但人體攝取太少水分可能會導致脫水。建議將每日3公升儲水中的大部分視為「人體必須攝取的每日飲用水量」，確保健康需求。

肉乾
麵包
魚罐頭
小菜罐頭
罐頭麵

Check!

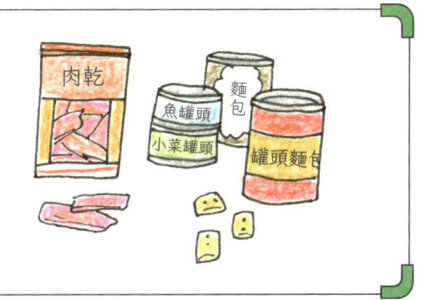

- ☐ 菜單內容＿＿＿＿＿＿＿＿
- ☐ 預估的水量＿＿＿＿＿＿ml（cc）
- ☐ 實際用掉的水量＿＿＿＿＿＿ml（cc）
- ☐ 預估量是……？　太多　還可以　太少

note＿＿＿＿＿＿＿＿＿＿＿＿

＿＿＿＿＿＿＿＿＿＿＿＿

你的預測精準度如何呢？

04 停水時清洗物品的技巧

停水造成自來水和熱水都無法使用的話，要洗東西也讓人傷腦筋。倒不如轉換思考方式，乾脆選擇「不洗」，找一個適合自己的方法吧！

完全不用水的情況

使用「一次性物品」是在避難生活中最普遍的方法。
雖然很不環保，但卻是最衛生的方式，大多數人都可以輕鬆執行。

用保鮮膜或塑膠袋蓋住餐具

先蓋一層在餐具使用的那一面，使用過一次之後不需清洗，只需更換新的保鮮膜或塑膠袋即可。在東西吃不完或需存放剩餘食材的時候也很方便。

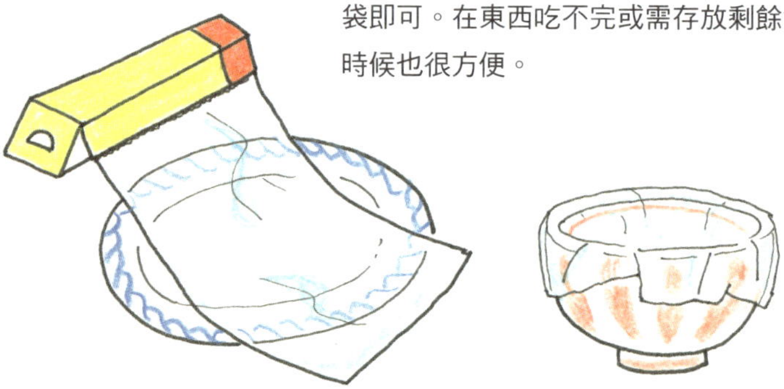

使用紙杯或紙盤

雖然每次用完就丟會增加垃圾量，但卻是最簡單的方法。

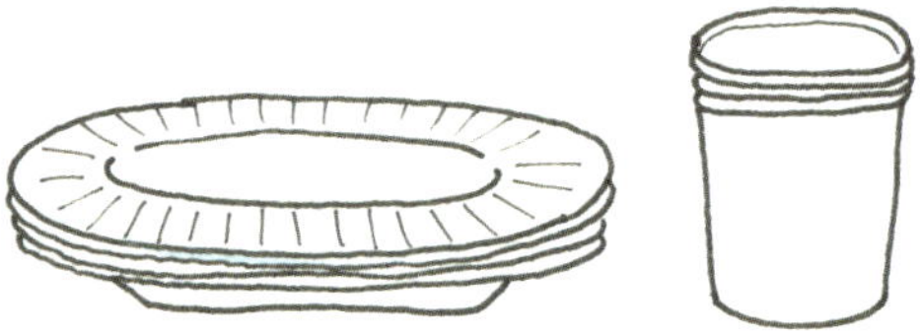

不要弄髒鍋子

做菜的鍋子不能使用上述的方法，所以要使用其他不會弄髒的方法。

鋪上烘焙紙或鋁箔紙即可！

如果是即食料理，
用隔水加熱的方式
就不會弄髒！

使用少量水的情況

建議使用「三桶水洗碗法」，這是在露營山屋的廚房裡或路邊攤經常使用的方式。
在避難生活裡，用這個方法就可以聰明省水唷！

三桶水洗碗法

沖洗桶的水如果變得混濁，不要直接換成清水，而是依照下方綠色箭頭的順序，依沖洗桶②→沖洗桶①的順序往前替換，就可以減輕換水的負擔。洗碗水不一定要用飲用水，浴缸水或雨水也都沒問題！（會介意的人，請把餐具弄乾之後，再用殺菌濕紙巾等擦一擦即可。）

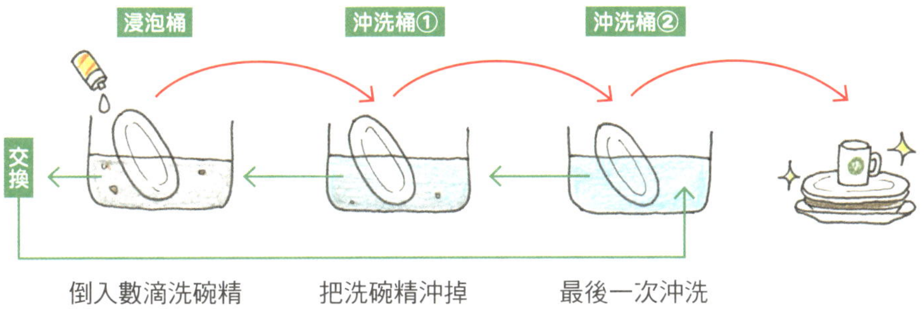
浸泡桶
沖洗桶①
沖洗桶②
交換
倒入數滴洗碗精
把洗碗精沖掉
最後一次沖洗

登山露營派

在沒有自來水的山中，這種隨性的
方法特別適合不拘小節的你！

倒茶或倒熱水進去就結束了

在用完餐後的碗中，倒進茶或熱水再喝掉的話，幾乎會像洗過一樣，乾淨溜溜，油污也容易擦掉（來自前人的智慧！）

只要簡單地擦一擦

用廚房紙巾、衛生紙等，吃完後只需簡單擦拭。

防災memo

每個人愛乾淨的程度都不同，大家有各自的底線。在避難生活中，先將各自使用的盤子、杯子和筷子等做好記號，以各自的基準清洗自己的餐具就可以了。不要批評他人的使用方法，以免引發不必要的摩擦，請務必注意。

我還可以用！
我要馬上洗！

05

簡單料理② 用瓦斯爐煮飯

STEP 1

用清水浸泡米

時間允許的話，請儘量浸泡2個小時以上。泡過水的米粒，吸滿了水分，再用瓦斯爐煮，米心便可快速熟透。

用瓦斯爐煮飯的水量，要比電鍋煮飯時多1.2～1.3倍（例如電鍋煮飯，米1杯＝水180ml的話，瓦斯爐就要用200ml）。

為了省水，可直接使用免洗米。但即使不是免洗米，不洗米就煮也不會有太大問題。

STEP 2

開中火蓋上蓋子煮到沸騰

露營memo

若使用導熱較快的輕薄鋁鍋煮飯，在水沸騰之前不要蓋上蓋子，並用稍強一點的小火慢慢加熱。為了避免米飯半生不熟或熟度不均勻，煮飯中途要用工具將米飯全體拌勻，這個動作要進行兩次左右。如果之前有用砂鍋或平底鍋煮飯失敗的經驗，不妨也試著這樣攪拌一下（雖然這通常是電鍋煮飯的禁忌，但對用瓦斯爐煮飯來說卻是最重要的祕訣）。如果發現水分不足，適量加水後再攪拌一下即可。

就算家裡什麼配菜都沒有，只要有一鍋熱騰騰的白飯，也能為緊張不安的避難生活帶來一絲安心。如果學會用瓦斯爐煮飯，也許之後就不想再依賴電鍋了呢！對於以往只會用電鍋煮飯的人，掌握「用瓦斯爐煮飯」的技巧，對未來也很有幫助唷。如果家裡本來就有像壓力鍋或砂鍋這類厚重的鍋具，任何人都能輕鬆用瓦斯爐煮出美味的米飯，但即使只有輕便的露營用鋁鍋或一般平底鍋，煮飯方法基本上都是一樣的。請準備一把有蓋的鍋子，試著挑戰看看吧！

如果用鍋子，一次就可以煮很多！

STEP 3

轉成小火，煮到水分收乾

即使在中途打開蓋子
確認也沒關係唷

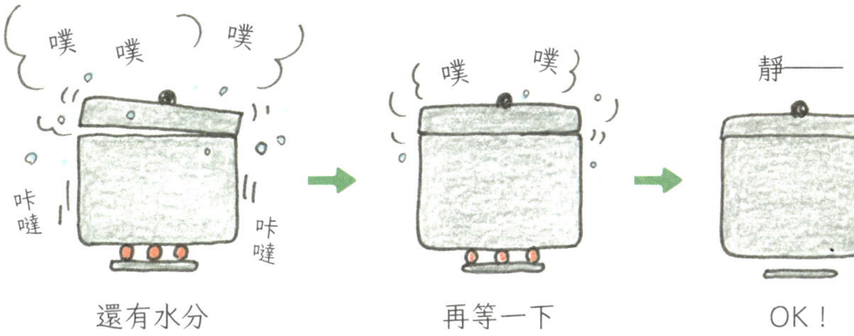
噗
噗
噗
咔噠
咔噠
還有水分
噗
噗
再等一下
靜
OK！

STEP 4

關火燜著

沒有聲音之後，關火，蓋子不打開，燜5分鐘左右就完成！

如果對聲音無法判斷，就不用太執著，關掉就好。

煮出蟹穴般的
小洞洞了嗎？

防災memo

最後把火調大，聞到飯香之後就關火，就能煮出「鍋巴」。但是，在避難時要清洗燒焦的鍋子比較麻煩，所以還是不要煮鍋巴比較好。碳水化合物是能量的來源，特別是米飯具有良好的飽足感，非常適合補充體力和大腦所需的營養。

露營memo

因為輕薄的鍋子容易涼掉，燜飯時請用毛巾或衣服把鍋子包起來保溫。在寒冷的天氣裡，只要抱著這鍋暖暖的米飯，就會覺得很幸福。

暖暖熱呼呼

Check!

☐ **用瓦斯爐煮飯，煮得怎麼樣？**

煮得很好吃　　有煮出來　　完全失敗

note ______________________

有煮成功
就很棒唷！

06

簡單料理③ 用塑膠袋煮飯

STEP 1

把米裝進塑膠袋泡水

和P52的05一樣，浸泡米飯的時間要夠長，是煮飯不失敗的祕訣。

推薦日本製的「I WRAP」保鮮袋，一次使用兩層！

米

最多2個米杯的分量（約300g）。

水

和用瓦斯爐煮飯一樣，水量要比平常多。

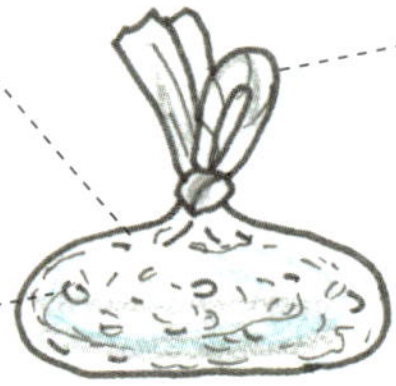

袋子

一定要使用耐熱溫度是100℃以上的產品。儘量把袋中的空氣排除後，將袋口綁起來。

STEP 2

放進隔水加熱用的鍋子裡

根據水的狀態來放米，水深要完全淹過白米！

水

隔水加熱用的水，不必每次更換也OK！

水位

倒進能夠淹過塑膠袋程度的水量。

鍋底

為了防止塑膠袋破掉，請在鍋底放上盤子用來墊高，儘可能不要讓袋子直接接觸到鍋子。

用塑膠袋將生米煮成熟飯，是防災食譜中的基本！

在日本，經常使用「塑膠袋料理」當作防災餐。所謂的「塑膠袋料理」其實就是「隔水加熱料理」，是一個令人深感佩服的創意。姑且不說配菜，先是用隔水加熱的方式來煮飯，真的可行嗎？我第一次聽到的時候，也覺得不可思議。但用這個方法煮飯，不僅不會弄髒鍋子或餐具，而且即使是少量也能煮，衛生又方便，最重要的是不容易失敗，這些優點都非常適合避難生活。在戶外野炊方面，或許未來有一天「塑膠袋煮飯」也會取代目前主流的乾燥飯或卡式爐煮飯。

小心別
燙到！
圓滾滾
圓滾滾
燙
燙
好像很好吃

STEP 3

開中火
等到沸騰後
再用小火煮15分鐘

15分鐘後，如果看起來水分還很多的話，就延長隔水加熱的時間。

STEP 4

拿出塑膠袋
燜5分鐘後即完成！

關火後拿出塑膠袋，先不要將袋子拆開，就這樣燜5分鐘左右（小心燙傷）。如果有吃不完的剩飯，之後也可以再用隔水加熱的方式重新加熱。

熱騰騰～
連同塑膠袋一起
放進碗裡的話，
連碗都不用洗！

露營memo

事先將米按照每次要吃的量裝進塑膠袋，分成小包裝攜帶，就可以省去露營現場量米的步驟。如果能推算好煮飯的時間，出發前將自來水加入袋中浸泡，在抵達營地時，米已經浸泡完成，剛好可以開始煮飯，這也是一個非常聰明的做法。隔水加熱後的熱水還可以用來煮湯或泡茶，就完全不會浪費水。在需要節省用水的情況下，隔水加熱的水可以使用浴缸水、海水或雨水，也是優點之一。

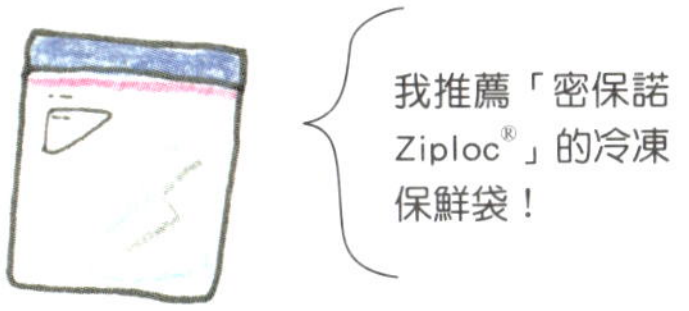
我推薦「密保諾
Ziploc®」的冷凍
保鮮袋！

Check!

☐ **塑膠袋煮飯，煮得怎麼樣？**

煮得很好吃　　有煮出來　　完全失敗

note ______________________

這樣就能煮飯，
很驚人吧？

06

各式各樣的便攜式炊具與燃料

隨時隨地能夠開火煮食的便攜式炊具，是戶外野炊時不可或缺的裝備。在避難時，你會深刻體會到「有火，生活就有了依靠。」

卡式爐

大力推薦！

幾乎每個家庭都有一台卡式爐。它操作簡便、穩定性高，且燃料易於購買，是居家避難的首選炊具！雖然因體積較大，不適合需要背負行李的登山活動，但在露營或車中過夜時，是很實用的選擇。

可燃性
ガス
LPG

卡式爐價格從台幣399元起跳，燃料（瓦斯罐）一罐台幣50元左右，實惠的價格也是其魅力之一。在氣溫低於10℃的環境下，建議使用適合高山及寒冷地區的高山專用瓦斯罐。

卡式爐瓦斯罐一罐的火力，
大約可煮沸2公升開水×
6次！（作者調查）
GAS
=
×　6次

防災memo

如果因瓦斯管破損導致瓦斯供應中斷，復原可能需要幾個星期的時間。瓦斯罐的保存期限大約為7年，非常耐久放，因此平時多準備一些，並定期汰舊換新循環使用即可。

GAS

固態燃料爐

比起登山爐更為輕便小巧，深受追求輕量化的戶外活動愛好者歡迎。大家可能會對「固態燃料」很陌生，但如果說是「在餐廳裡用在鍋物料理的藍色小方塊」，應該就有印象了吧？雖然火力調整有些困難，但由於體積小、不佔空間，可以大量儲存，因此作為居家避難的準備也是個好選擇。

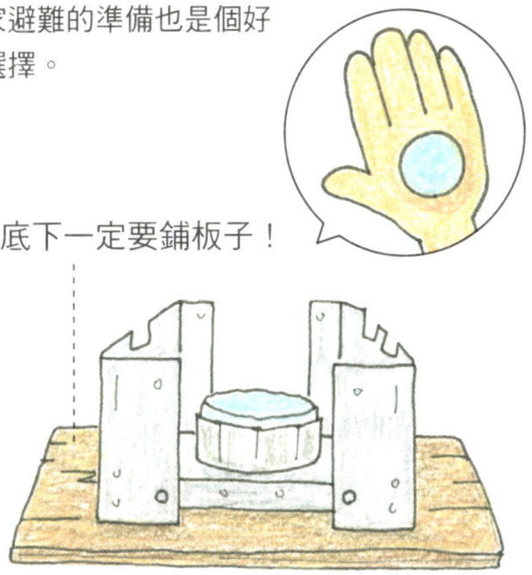
底下一定要鋪板子！

登山爐

爐頭可折疊至非常小巧，是便於攜帶的戶外炊具代表。登山爐所使用的燃料與卡式爐一樣是液態瓦斯，使用起來十分方便，但因為價格比卡式爐昂貴、火力較小，作為居家避難的準備成本較高。然而，如果擁有這個爐具，一定會激起戶外野炊的興致！

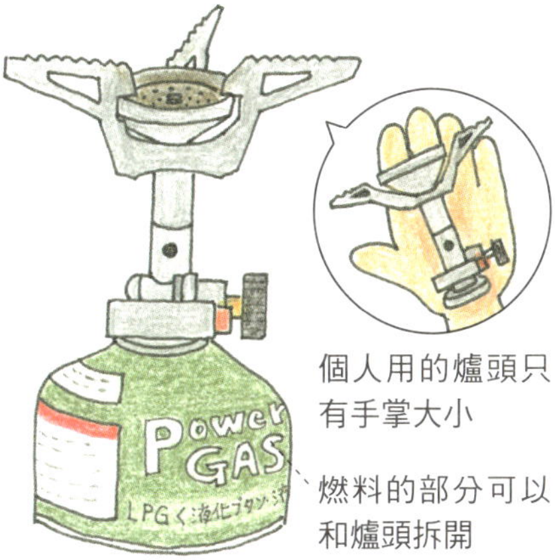
Power
GAS
個人用的爐頭只有手掌大小
燃料的部分可以和爐頭拆開

酒精爐

這是一款直接在酒精燃料上點火的小型輕便爐具。雖然不適合烹飪道地美食或是為多人準備餐點，但如果只是慢慢煮熱水，或為自己煮一人份的飯菜，這款爐具將為你帶來享受個人時光的獨特體驗。

底下一定要鋪板子！
有沒有喜歡的呢？

汽化爐

由於火力強勁且穩定，深受熱愛正宗料理的露營愛好者青睞。不過，在熟悉操作前，燃料的處理和點火步驟可能比較繁瑣。如果家中有庭院，無論是在居家避難還是戶外野炊都會是非常實用的工具。

ECO
CLEAN
1L

登山爐式　　廚房式

07

關掉智慧型手機

設定鬧鐘，體驗完全離線斷網的生活。請訂定一個省電使用手機的規則。

STEP 1

在第一次的鬧鐘響起之後，把手機設定為「飛航模式」

1923年9月1日11:58是
關東大地震的發生時刻

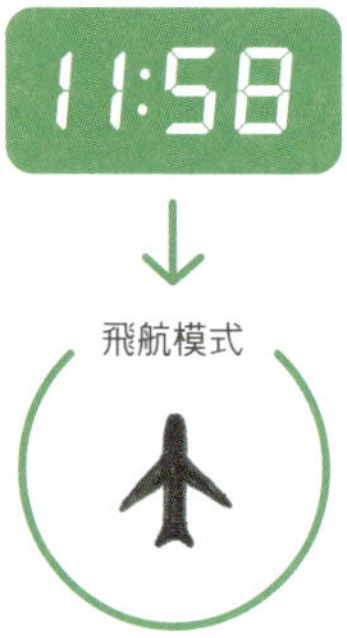
11:58
飛航模式

露營memo

近年來，即使在深山中也能接收到行動電話訊號的情況越來越普遍，但訊號仍可能不穩定。由於行動電話在搜尋訊號時會大量消耗電力，因此基本上建議將手機設定為「飛航模式」。此外，電池不耐寒，有時會因為溫度下降而導致電量快速消耗，降甚至無法使用。將手機放在外套內袋等靠近身體的地方，幫手機保溫也非常重要。

STEP 2

接下來，可自行決定是否要解除「飛航模式」

因為可以自由使用，自制力很重要！
好想看
好想看
不要看
不要看

RULE

- 但是，只能使用行動電源充電

當災害發生時，即使停電，網路通常不會立即中斷。因此，許多人會為了獲取資訊以及和外界保持聯絡而長時間使用手機，等到電池電量大量減少時，才發現「無法充電」的窘境，這種情況也經常發生。

災害發生後，電話和網路線路之間可能會產生干擾，導致連線困難。如果無節制地使用手機，會快速消耗電量。因此，請冷靜地判斷當前狀況，訓練自己只在必要時使用手機，以確保在緊要關頭仍能與外界保持聯絡和接收資訊。

手機省電的祕訣

手機是救命關鍵！！
為了能在重要時刻使用，請務必節制！

RULE

- 「每小時只用5分鐘」等，學會計畫性使用
- 避免瀏覽影片或圖片很多的網站
- 設定成不會自動更新下載系統或應用程式
- 調暗螢幕亮度或使用夜間模式
- 至少要讀LINE，讓別人確認你的安全

STEP 3

在第二次的鬧鐘響起之後，把手機電源關掉

如果沒有急事，請在14點46分到16點之間完全關機。在災害發生時，行動通信基地台會進行檢查或區域性斷訊，並有計畫性地切斷訊號，因此經常會出現斷斷續續、無法連線的情況。

再見啦～
呃……

2011年3月11日14:46是
東日本大地震的發生時刻

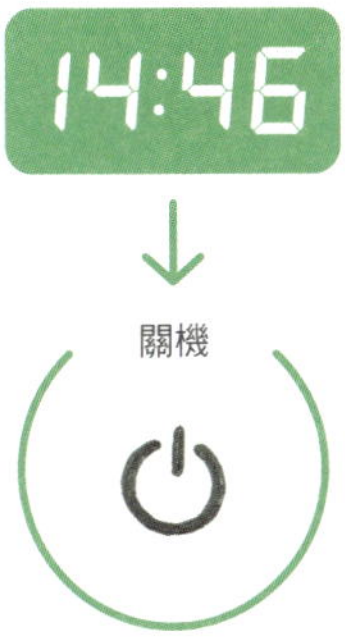
14:46
關機

Check!

☐ **手機關機期間的心情如何？**

平常心　無聊　坐立難安　安心　十分焦慮　天堂

其他＿＿＿＿＿＿＿＿

☐ **電池剩餘量**

11:58 ＿＿＿＿％　14:46 ＿＿＿＿％　睡前＿＿＿＿％

隔天早上＿＿＿＿％　挑戰結束時＿＿＿＿％

☐ **行動電源充電**＿＿＿＿＿＿次（到挑戰結束）

原來我這麼依賴
手機啊……

note＿＿＿＿＿＿＿＿＿＿＿＿＿＿＿＿＿＿＿＿

07

防災APP和實用資訊網站

關於災情的最新資訊，雖然可以隨時透過手機獲得情報，但由於網路資訊繁雜且假新聞氾濫，可能會接收到錯誤訊息。因此，平時應該關注值得信賴的網站，這也是一種有效的防災措施。

推薦的防災APP

中央氣象署W

由台灣中央氣象署推出的防災APP，提供即時災害資訊和氣象預報，對戶外活動或防災都是很有幫助的應用程式。用戶可以接收最新的災害警報、颱風和降雨資訊，確保在災害來臨時做好準備。該APP還提供防災知識和應對措施，提升用戶的防災意識。使用者可以設定個人化的警報通知，隨時獲取與所在位置相關的資訊，幫助快速反應，保障安全。

各縣市的官方防災APP

台北市及其他地方單位都有推出官方APP，例如「台北市防災APP」、「新北市防災APP」、「桃園市防災APP」，提供即時災害警報、災情資訊、緊急聯絡方式和避難所位置，幫助市民在災害發生時迅速獲取所需信息。如果你所居住的縣市有專門為防災開發的官方APP，建議先安裝使用。

消防防災e點通

台灣內政部推出的防災APP，旨在提升民眾的防災意識與能力。該APP提供即時災害資訊、緊急聯絡方式、避難所位置和防災知識，幫助用戶在災害發生時迅速獲取重要資訊。用戶還可以透過APP設定個人化的災害警報通知，及時獲得與所在位置相關的消息。此外，APP還提供防災演練和災害應變計畫，以增強民眾的防災準備。

KNY台灣天氣.地震速報

由臺灣防災產業協會理事陳坤助先生所開發，提供即時氣象和地震資訊。使用者可以根據所在地設定通知，獲取最新的災害警示。操作簡便，並提供相關防災知識，幫助民眾提高防災意識及應變能力。

行動水情

由台灣水利署推出的應用程式，可查詢各地水庫的水位、降雨量及水情警報，幫助使用者掌握水資源狀況。使用者可獲取防洪及水資源管理的相關公告，並接收推播通知，提醒水情變化，有助於提升民眾的防災意識和應變能力，確保在乾旱或洪水等災害情況下能夠妥善應對。

LINE

比起用傳統語音訊息或手寫留言，要確認家人朋友是否平安，用通訊軟體最適合。如果是受災方，可利用「LINE VOOM」向朋友報平安或發出求救訊號；若是想確認親友安危，只要顯示「已讀」就能放心（這時可以告訴對方不用回訊息）。即使是幼兒或高齡者等智慧型手機的初學者，也能閱讀訊息。

電話卡
還記得世界上有這個東西嗎？

日本特有的設施！

災害發生時的免費Wi-Fi「00000JAPAN」

日本為了應對災害導致通訊中斷的問題，提供「00000JAPAN」免費Wi-Fi服務，讓民眾在災害發生後有穩定的網路可以使用。不需要密碼或註冊即可直接連線，通常設置在學校、公共設施、便利商店等地方。但是因為連線沒有加密，建議避免輸入個資。

公共電話

發生災害時，雖然電信訊號或電話線路會受限，但公共電話就沒有這個問題。現在的年輕人或兒童可能完全沒有使用過公共電話，建議家長先進行教學。為了慎重起見，在外出的時候，請隨身攜帶一些零錢或電話卡。

網站

中央氣象局

https://www.cwa.gov.tw

提供天氣預報、地震速報、颱風警報、暴雨和洪水預測等資訊。此外，網站還有火山活動的相關資料和災害應變指導，內容非常豐富，請不要在災害時才前往瀏覽，平時就要經常查看。

國家災害防救科技中心

https://www.ncdr.nat.gov.tw

提供各類防災教育資源，包括研究報告、災害案例分析和防災演練指導，幫助提升民眾防災意識和應對能力，並有最新災害動態和政策資訊。

內政部消防署

https://www.nfa.gov.tw

提供消防安全、災害應變和防災知識。網站涵蓋火災預防、急救知識和各類災害的應對措施，並提供消防署的最新公告和活動資訊，協助民眾在面對災害時的安全意識和應變能力。

防災教育資訊網

https://disaster.moe.edu.tw

專為推廣防災知識而設計的平台，提供豐富的教學課程、教材、宣導影片和活動資訊，幫助使用者了解地震、颱風、火災等災害的防範措施和應對技巧。此外，網站也定期舉辦防災演練和競賽，鼓勵學校及社區積極參與。

經濟部水利署防災資訊服務網

https://fhy.wra.gov.tw

提供即時水資源和防災資訊，包括水庫水位、降雨量、流量監測等數據，讓使用者掌握水情變化。還提供防洪措施、警報系統及相關公告，協助民眾制定應對計畫。

08 散步到避難場所

用安全的方式到戸外走一走吧！

STEP 1

一邊看著災害潛勢地圖 一邊走到避難場所

原則上，徒步避難是最理想的選擇。想像一下，當大家爭相逃難時，道路上很可能會擠滿人群與車輛，導致撤離速度變得非常緩慢。更糟糕的是，救護車等救援車輛也可能因為塞車而無法順利通行。因此，徒步反而可以更快、更安全地抵達避難地點。

有準備緊急避難包的人，請實際背出門體驗看看。
也請試著和家人或寵物一起外出。
避免穿涼鞋，請穿鞋底耐磨的靴子或健走鞋。

露營 memo

不只是登山和健行，開車去露營時也需要依賴地圖。由於目的地可能會受到災害影響，因此事先熟悉汽車導航或Google地圖等使用方式非常重要。從平時開始加強對地圖的認識，能幫助你在緊急情況下迅速找到安全路徑。

雖然已經知道附近有哪些避難場所，並且去過好幾次，但從防災的角度再次前往時，可能會發現一些過去未曾察覺的細節。如果發生洪水、地震或火災，周遭環境可能會出現什麼變化？建議在步行時，預先進行各種情境的想像和模擬。

此外，離家最近的避難場所，不一定是最安全的選擇。應根據年齡、家庭成員、是否有寵物，以及當下的時間點等因素，選擇最適合的避難場所。

STEP 2

徒步前往避難所時要注意的重點

針對同一個避難場所，應提前規劃多種前往方式。除了從自宅出發之外，也應事先確認從公司等地點出發的路線，以便在緊急情況下能快速安全地前往避難所。

正常行走大概要花這麼久吧…

花費的時間

事先計算平常需要花費的時間。

道路・鐵軌

發生災害時，遇到十字路口、天橋、平交道等，都必須要穿越過去。但遇到水災的時候，請勿使用地下道。

鈴川

標高

確認避難路線的地勢是否低於河川或海平面，以避免在洪水時受到影響。

破舊的建築物

除了老舊的建築物，一般的水泥磚牆、自動販賣機也有可能會因地震而倒塌。

避難所的規模、設備

相對於該地區的人口，避難所給你的印象如何呢？

這麼小？

Check!

可以掌握距離感了嗎？

☐ 避難收容所

到（名稱＿＿＿＿＿＿＿＿＿＿＿＿＿＿＿＿＿）的

所需時間＿＿＿＿分

☐ 在避難路線上注意到的地方

＿＿＿＿＿＿　＿＿＿＿＿＿　＿＿＿＿＿＿

08

認識日本的避難場所

雖然所有緊急避險的空間都可稱為「避難所」，但在日本，避難所可分為「臨時避難所」和「廣域避難場所」等不同類型。台灣則是根據災情和地區需求，提供民眾應急避難或長期收容的服務。

避難場所的種類

在日本，地方單位所指定的緊急避難場所有「避難所」和「避難場所」兩種。關於「避難所」的開放情況，可在各地方政府的官網上確認。

不同的災害潛勢地圖，
避難所的名稱也有
可能不一樣！

臨時避難場所

小型～中型規模的集合空間，通常是小型公園或運動場等。如字面上所示，提供臨時性避難。

廣域避難場所

面積更大的避難場所，通常是較大的公園或大學校園等，用於收容更多人員。

指定避難所

具備儲備物資和基本避難生活設施的室內空間，規模大小各異，可能因人數超過上限而無法收容更多人。設備與營運情況會根據不同地區的防災組織或地方政府的考量及財政狀況而有所差異。

指定緊急避難所

在緊急情況下為了維持生命安全而開設的室內避難所，許多學校體育館通常同時具備「指定避難所」的功能。

防災 memo

不同災害需要不同的避難場所。務必確認現場看板或災害潛勢地圖，確保該避難場所適合應對特定災害。

※註：台灣會根據不同災害（如地震、洪水、颱風）設置不同類型的避難場所，並確保這些場所位於較安全的地區，提供民眾應急避難或長期收容的服務。

打造專屬於你的避難路線

如果因為地震或颱風而發生全國性的重大災害，雖然每個人都急著想離開災區，但在交通繁忙的時刻，暫時先在原地等待也是一種可行的應對方法。

和居住在不同地區的親友締結「安全保障協議」

與住在不同災害潛勢區的親友，共同制定防災計劃，安排在發生災害時互相幫助的避難方法，並準備好儲備物資，災害來臨時讓人感到更安心。

車內避難

事先將車子整理成可居住的狀態，以便在災害發生時使用。一旦停電，馬路上的紅綠燈等交通號誌就失去作用，交通會十分混亂。建議有車的人儘早逃離災區。

防災memo

避難的首要原則不僅限於遵循災害潛勢地圖，而是「先逃往不會遭遇危險的安全地點」。因此，如果家中附近已經淹水，就不必堅持前往指定的避難場所，在路途上選擇堅固的高樓大廈或位於高處的寺廟等作為臨時避難所。如何前往這些替代避難場所，應在平時就要先提前確認好路線。重點是確保自己的安全，其他事情等脫險後再考慮。

住飯店

事先預約位於災害潛勢區之外的飯店。即使這個方法的費用比較高，但也是最舒適的選擇。往好的方面想，也可以將早期避難當作一場「旅行」！

column
01

深入了解災害潛勢地圖

即使手邊有災害潛勢地圖隨時可查詢，但你真的看得懂嗎？災害潛勢地圖包含許多實用資訊，提前學會檢視方法，危急時刻才能快速看懂所有資訊。

等高線

用來連接具有相同標高（即海拔高度）的線條，表示地形高度的變化，透過等高線可以了解地勢狀況。如果等高線之間的間距較大，表示該區域較為平坦；間距較小，則表示坡度較陡峭。發生水災時，可以當作尋找高地的有效指引。

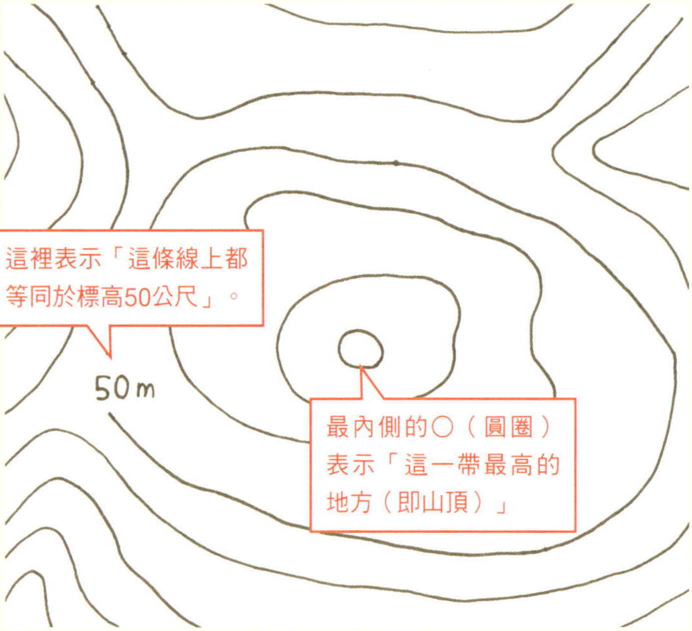
這裡表示「這條線上都等同於標高50公尺」。
50m
最內側的〇（圓圈）表示「這一帶最高的地方（即山頂）」

方位

地圖上通常標示著「正北方」。由於防災無線通訊或廣播可能會使用東南西北來通知位置，因此平時就要先熟悉一下這些方位。雖然可以透過太陽的位置或地標來辨別方向，但如果手邊有指南針，就能更精確地定位。

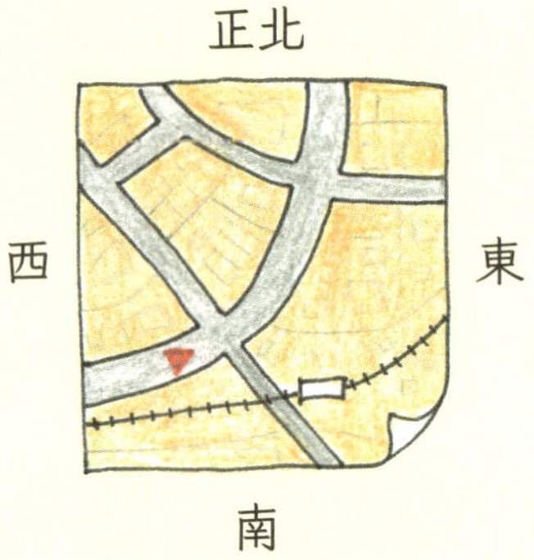
正北
西
東
南

使用導航地圖時，許多人習慣把前進方向設為向上。其實，地圖也可以隨著使用者的需求進行旋轉，若將地圖調整到與平常一樣的方向，閱讀會更容易。

指南針的北方（紅色指針指向的方向）與地圖上的正北之間會有些微偏差，但仍足以掌握大致方向。

水位

當聽到廣播說「預測海嘯高度為10cm」時，可能會覺得不算什麼大事，但實際上，水深10公分的河流，水流強度和水壓也會讓人寸步難行。淹水通常都是「突然湧上來的」，請不要輕忽這一點。

海浪打過來的時候
是非常難走的喔！

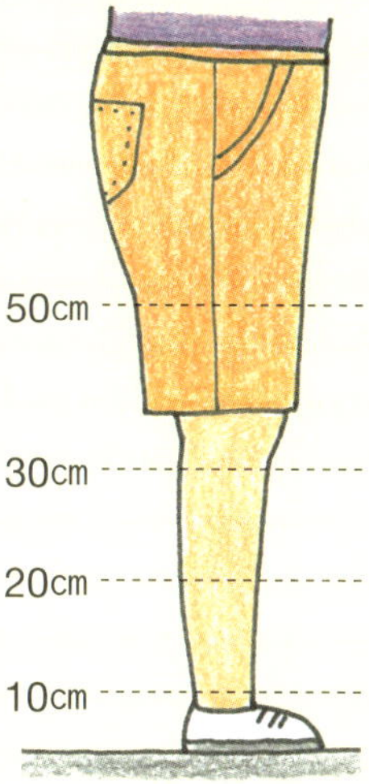
50cm
30cm
20cm
10cm

50cm（膝上）

行走時的水深達胯下。如果水流湍急，行動會非常困難。即使是成年人也可能被水沖走。

30cm（膝下）

即使穿著長靴，水也會淹進靴子裡。如果水流強勁，幾乎無法前行。對小孩來說，被水沖走的風險很高。

20cm（小腿）

會感受到水的阻力很強。行走時，要保持腳貼著地面行走，否則很難前進。

10cm（腳踝）

如果穿普通鞋子會進水。行走時必須十分小心，否則會有腳被拉走的感覺。

即使居住地遠離海洋或河流，街道上仍可能會因大雨或海嘯發生淹水。人孔蓋可能會溢出水，導致「內水氾濫」，這種情況在近年來越來越常見。

50cm～1m

即使是成人男性，面對強勁水流也無法抵抗，就算抓住某物也可能被沖走。浮力變大，施力更加困難。

200～240cm
160cm
120cm
90cm
70cm
40cm

1m以上

身體會完全浮起來，家產等也會被沖走。

防災memo

災害潛勢地圖上除了提供災害潛勢資訊，還會詳細說明災害發生的機制以及需要攜帶的物品清單等內容。建議大家花時間從頭到尾仔細瀏覽一遍。

09 無法沖馬桶①
自製攜帶式廁所

STEP 1

了解災害時的廁所問題

避難所的廁所通常都是克難的簡易型廁所。只要是人，每天都必須多次使用廁所，但這個問題往往被忽視。隨著各種傳染病的出現，希望未來這方面會逐漸獲得改善。

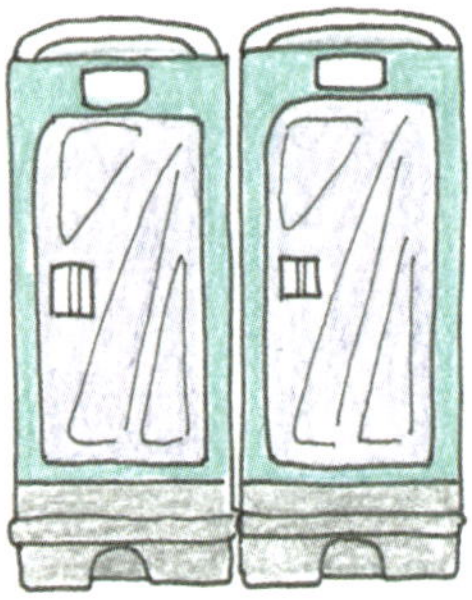

流動廁所

這類廁所常見於工地或戶外活動場合，能將排泄物儲存在地板下。避難所的廁所無法使用時，或避難者人數眾多的情況下，可能會增設這種廁所，但並不一定會立即設置。

可攜式馬桶

這種馬桶的座椅和糞槽是一體成型的，可輕鬆搬運。除了作為避難所的儲備品，還廣泛應用於醫院和長期照護設施。它也可以與攜帶式廁所組合使用。

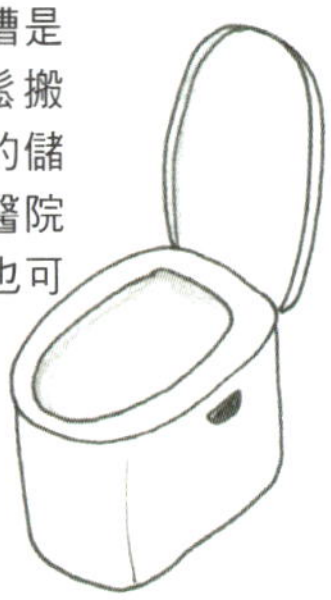

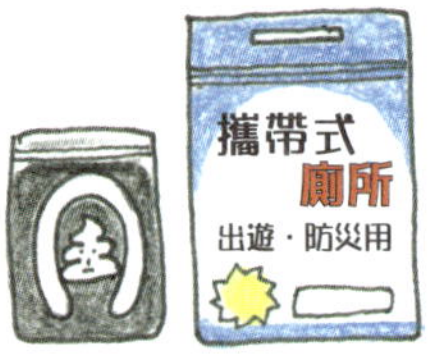
攜帶式
廁所
出遊・防災用

攜帶式廁所

這種廁所沒有馬桶座，是用完就丟的一次性袋狀產品。為了改善過去避難所不衛生的使用情況，越來越多避難所把這種廁所當作儲備品。

紙箱馬桶

用紙箱製作的馬桶，即使是成年人也能使用。在內部放置攜帶式廁所，即可解決大小便問題。因為易於收納，建議可以多準備一些。

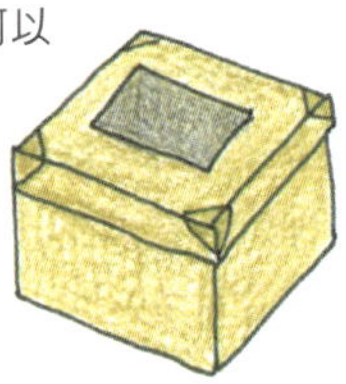

上廁所是攸關生死的問題！

即使不是大規模災害，普通的停電或停水也會導致廁所無法使用。如果是地下水道的管線發生故障，修復可能需要花費幾週的時間。在此期間，人們不得不使用活動廁所，或是需要去外地借用，日常生活變得相當麻煩。為了減少上廁所的次數而控制水分攝取，反而可能導致脫水等問題。廁所問題如果沒有處理好，就會引發這種惡性循環，並成為壓力的根源。能夠妥善地解決廁所問題，就能過上更舒適的避難生活，可以說廁所是攸關生死的問題。

STEP 2

自製攜帶式廁所

雖然市面上可以購買到各種獨立包裝商品，但如果要準備足夠的數量，費用可能較高。假如只是自己在家裡使用，即使外觀有點醜（？），製作出簡單實用的攜帶式廁所即可。

市售產品的基本套組

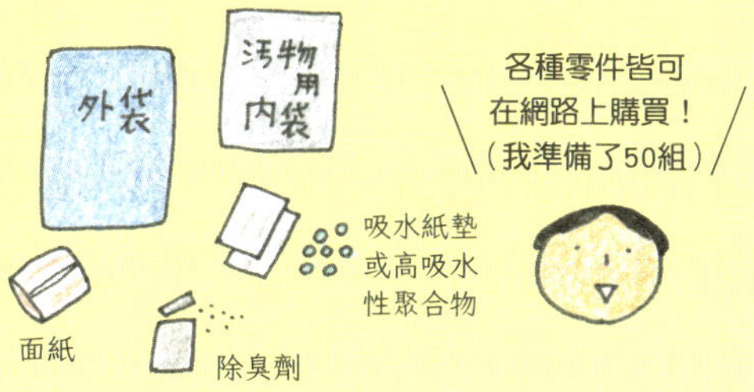
外袋
污物用內袋
吸水紙墊或高吸水性聚合物
面紙
除臭劑
各種零件皆可在網路上購買！（我準備了50組）

要準備的物品

※使用方法請參考P70

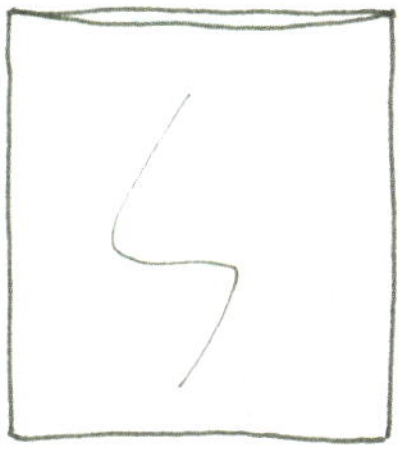

45公升容量的塑膠袋①

透明或不透明皆可。數量必須與避難天數相符合。

20～45公升容量的不透明塑膠袋②

根據預估使用次數準備足夠數量。一般來說，如果是男性小便的話，準備小容量的塑膠袋已足夠。

吸水材料 寵物尿布、貓砂、衛生棉、碎布等等。如果家中完全沒有這些物品的話，不準備也無妨。

尿布

衛生棉

碎布

把毛巾或T恤剪碎使用

廢紙

寵物尿布

環保型
無臭貓砂

貓砂（吸水性的砂）

露營memo

近年來，日本逐漸在登山路線上設置流動廁所，取代了傳統的抽水式廁所。這個作法不但有效降低管理成本，也能減少對環境的負擔，我樂見其成。

Check!

☐ 一天上廁所的次數

小便＿＿＿＿回　大便＿＿＿＿回

note ＿＿＿＿＿＿＿＿＿＿＿＿＿＿＿＿

畢竟是生理需求嘛！

10 無法沖馬桶② 如何使用攜帶式廁所

STEP 1

把馬桶座掀起來 將塑膠袋① 套在馬桶上

塑膠袋①可作為保護套，弄髒後請更換。

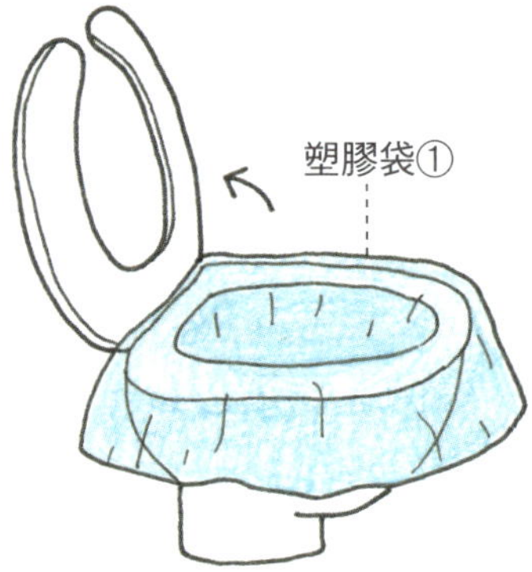
塑膠袋①

STEP 2

放下馬桶座 套上塑膠袋②

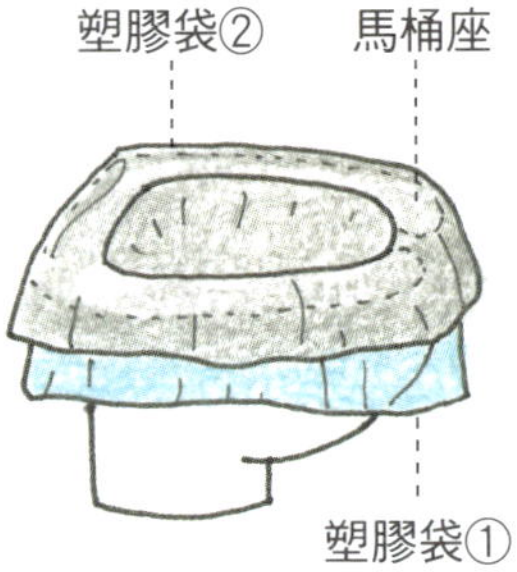
塑膠袋②
馬桶座
塑膠袋①

塑膠袋②將成為臨時馬桶的「替代品」，袋子會被馬桶座夾住，形成兩層保護。

STEP 3

在底部放置 吸水的材料

使用吸水紙墊或高吸水性聚合物，即可完成準備。

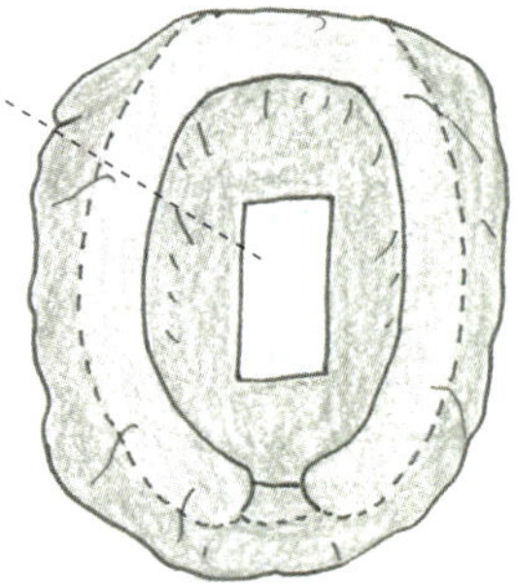
吸水紙墊
等物品

百聞不如一試，雖然許多人對攜帶式廁所有些抗拒，但只要試過一次，就會發現這不過是件小事，沒什麼大不了。沒錯，要把排泄物存放在家裡好幾天，或許是平常不會體驗的特殊狀況。但如果完全不上廁所，之後可能會出現更棘手的情況。

即使災害發生後沒有立即停水，建議在周圍的公共設施恢復正常前，優先使用攜帶式廁所。不妨勇敢地試著「上上看」吧！或許會為你避難生活的人生打開一道新的大門唷！

不用多想，勇敢地「使用」吧！

STEP 4

使用後，把塑膠袋②的袋口綁起來

放入除臭劑或遮蓋用的報紙等等，依照個人喜好調整。

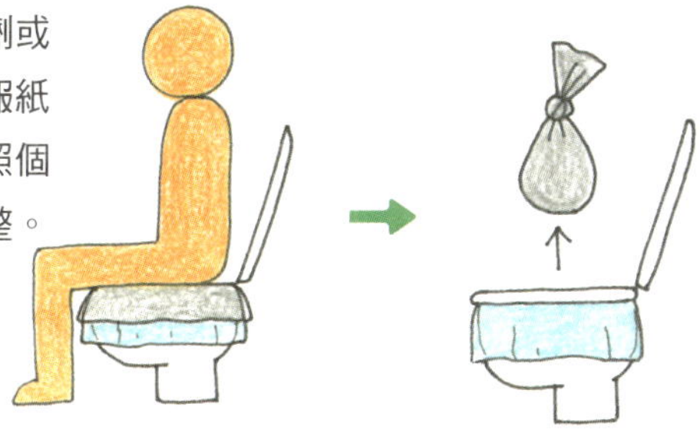

防災memo

關於塑膠袋②，雖然每次使用後更換比較衛生，但由於儲備品有限，請儘可能重複使用幾次。但從衛生管理的角度來看，請儘可能避免與其他同住者共用，自己的馬桶（塑膠袋②）請自己管理。如果是獨自生活，使用後只需蓋上馬桶蓋，多次使用後再將袋口綁緊即可。

STEP 5

將塑膠袋存放於陰涼處

到開始收垃圾之前，請妥善收藏好裝有排泄物的塑膠袋。丟棄時，請遵守各縣市的垃圾處理分類（大致上可當一般垃圾處理）。

如果能放在完全密閉的箱子裡，會比較輕鬆…

防災memo

如果馬桶裡的水位下降，導致水管和馬桶之間出現空隙，可能會散發惡臭。因此，當馬桶裡的水量減少時，可添加任何種類的水作補充。

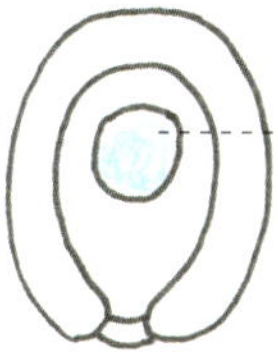
這裡的水

STEP 6

用浴缸的水沖廁所

這是在完成STEP1～5的步驟後，希望大家可以試試看的挑戰。如果停水的原因不是因為不供水，而是因停電導致建築物的抽水馬達停止運作，尤其適合這個方法。只要不把衛生紙丟進馬桶，少量水就可以沖乾淨。

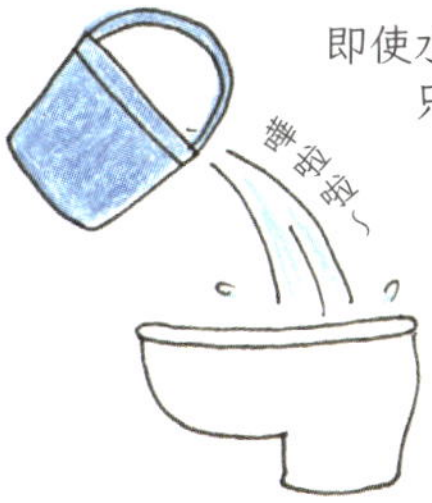
嘩啦啦～
即使水量少，
只要用力沖的話，
就能沖得很乾淨！

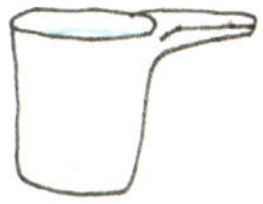
用水瓢會更方便！

Check!

☐ **使用過攜帶式廁所的感想是？**

輕而易舉　沒什麼特別　有點抗拒　原、原來如此呀…

note ______________________________

____

10

野外如廁大小事

對於不常參與登山等戶外活動的人來說，很難想像這個時代還需要在野外如廁吧？但只要參加野外活動，「野放」的機會（？）就一定會到來。請遵守戶外如廁的禮節和規範。

野外如廁的規矩與禮節

當然，最理想的狀況是不需要上廁所，但出門在外總是會有意外。萬一真的需要在大自然裡解決生理需求，請以不破壞環境為前提，遵守規範。

!!

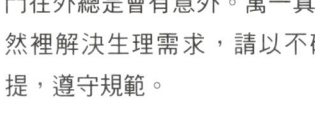

遠離水源

為了避免汙染水源，請勿在距離河川或湖泊等的水源20公尺內的地點大小便。

避開他人的目光

為顧及隱私，請選擇隱密地點。不過，距離太遠的話，大家會有走散的可能，所以也要注意距離。

那麼就是這裡了!!
YA
YA

大便原則上要帶回家！

留下的只有回憶就好。此時攜帶式廁所就派上用場了！

不得已的情況下…

挖一個約20公分深的洞，將排泄物丟進去，然後用落葉或土壤掩埋。衛生紙一定要帶回家處理。

接下來就只能拜託微生物了。
阿彌陀佛

如果位在標高1000公尺以上的地點，由於微生物無法有效分解，就不可使用這個方法。

在庭院如廁

如果家裡有庭院的話，可以試試這個方法。

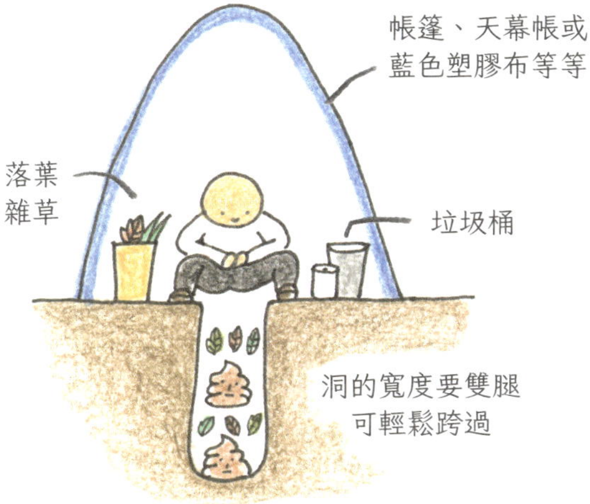
帳篷、天幕帳或
藍色塑膠布等等
落葉
雜草
垃圾桶
洞的寬度要雙腿
可輕鬆跨過

1 挖洞

用簡易帳篷、天幕帳或藍色塑膠布遮蔽，就是一個不錯的臨時廁所。

2 如廁後的處理

將排泄物以落葉（木屑、雜草也可以）交替放入，成為層層堆疊起來的狀態。

3 累積到一半的程度，就把土填回去並覆蓋好

接下來，再挖下一個洞…

說不定會慢慢習慣？

【野外廁所的共通守則】

衛生紙等物品，排泄物以外都不可掩埋！！

- 請注意，這些物品即使用水去溶解也無法分解。
- 如果在家裡用舀水的方式沖廁所，不丟入衛生紙可有效省水。

基本原則

啊！

分類

準備垃圾桶和垃圾袋進行分類。一開始可能會因為不習慣而丟錯，請多加注意。

IDEA1

找容易擦拭的葉子

可以試著找找柔軟的葉子充當衛生紙，使用後一併埋起來。

IDEA2

用清水洗淨

我推薦用手和水進行手動沖洗，無論是局部還是全身都能清潔。可以使用杯子、寶特瓶或水桶等便利的工具。

在蓋子鑽一個洞，沖洗時更方便♪

11 搭帳篷

「如果有」就挑戰

STEP 1

在自家範圍內搭個帳篷吧

無論是在房間、陽台、庭院，還是你喜歡的任何地方都可以。有很多人說，待在帳篷裡就像回到母親的懷抱，讓人感到安全。

今晚不妨試試在
這裡睡覺吧！

防災 memo

雖然有些避難所會提供帳篷，但還是相對少見，而且即使有提供帳篷，通常也需要自己搭建。如果你有露營經驗，搭設起來就會得心應手，還能幫助其他不會搭帳篷的人。至於是否可以自行攜帶帳篷進入避難所，要看各地方單位的規定，建議平時先向相關單位詢問清楚。

TENT

你可能會覺得在家避難不需要準備帳篷，但其實帳篷有不少好處。帳篷內狹小的空間，只靠體溫就能有效保暖，因此在寒冷季節的避難情況下特別實用。如果發生房屋半毀或全毀、在車中避難、與寵物一起避難等無法回家的情況，帳篷絕對是最有用的東西。如果家中已有帳篷，不如趁這個機會體驗一下「露營氛圍」，不僅能練就在各種場所架設帳篷的能力，還能增添生活樂趣，並且為未來的防災做好充分準備。

家中有家？

帳篷新手的選購指南

想要購買帳篷的人請參考以下建議

根據目的選擇

如果是背著帳篷去露營

登山帳篷

如果需要自己攜帶移動，輕便且便於收納的帳篷會是更好的選擇。由於山上平坦的地形較少，這種帳篷的設計適合各種地形。

or

如果是開車去露營地

露營用帳篷

由於帳篷使用時間較長，建議選擇注重舒適性的款式。露營地範圍廣闊，因此這類帳篷通常體積較大，功能性也較佳。

根據設計選擇

只靠營柱支撐即可自立

自立式帳篷

裝上營柱後就能
立刻搭建完成！

許多登山帳篷都採用這種設計。放置場所不拘，單人也能輕鬆搭設是最大優勢。

or

利用向外拉的力量立起來

非自立式帳篷

拉
緊
拉
緊

這類帳篷必須固定在地面上才能立起來，所以適合平坦的露營地等場所。

根據人數選擇

可以根據使用人數（睡覺的人數）來選擇帳篷尺寸。最近，越來越多人傾向準備單人小型帳篷，讓每個人都能擁有自己的私人空間。

露營 memo

從防災的角度來選帳篷，推薦選擇在室內也能輕鬆搭設的「自立式帳篷」。雖然「非自立式帳篷」只需多加練習即可使用，但對於新手來說，難度還是較高。

Check!

☐ 在家裡搭帳篷

順利搭好了　　需要一點技巧　　完全搭不起來

note ______________________________

____

11

不同季節的居家避難須知

夏季和冬季的避難生活中，體溫調節十分重要。若體溫調節不當，可能會危及生命，必須格外注意。

冬

冬季避難生活中最令人擔心的是暖氣能否正常使用。用保暖衣物來禦寒是理所當然的，但若有暖氣的支援，會更加安心。請提前準備好「不需電力的暖氣設備」！

石油暖爐

這種暖爐不僅日常使用表現優異，還有可以煮飯的優點。

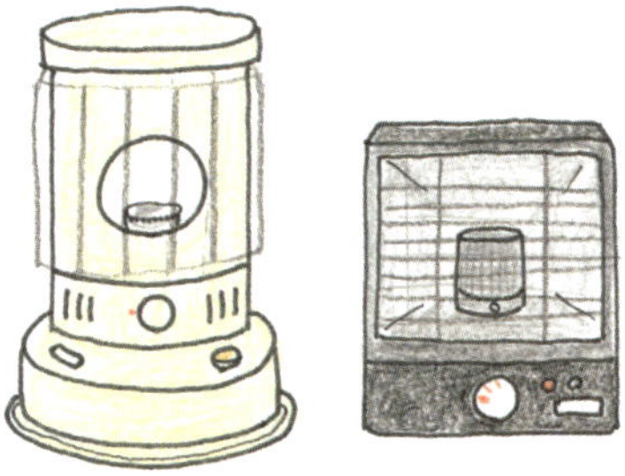

卡式瓦斯暖爐

體積小巧，便於收納和搬運，在露營時很受歡迎。但由於避難生活中使用成本較高，建議把它當作備用暖氣。

暖暖包・熱水袋

將暖暖包或熱水袋放在腹部或胸口附近，從核心部位開始升溫，有助於將熱量傳遞至全身。

透過飲食和運動產生體熱

進行簡單的運動，例如轉動手腕或原地踏步，只要持續15分鐘左右，就會感受到溫暖。此外，進食（包括咀嚼與消化）本身也是能有效產生熱量的活動。

防災 memo

即使有露營剩餘的木柴或木炭，在住宅區或餘震頻繁的情況下，請避免生火。如果是在避難場所或寬敞的地方，也務必準備好滅火器，並確保有多人監控。在室內生火是絕對禁止的。為了避免二次災害，請盡力維護大家的安全。

夏

台灣的夏天十分炎熱，如果沒有冷氣，光想像就令人卻步。
與對抗寒冷相比，如何應對炎熱的天氣更為棘手。
因此，學會如何有效降低體溫非常重要。

寬鬆的衣物

穿上寬鬆舒適的衣服，補充水分時不要只喝水，應搭配運動飲料等可補充電解質等飲品。保持放鬆，避免過度勞動！

這就是基本！

從體外直接降溫

用濕毛巾或退熱貼，貼在脖子、腋下、鼠蹊部等部位，冷卻粗大的血管以達到降溫效果。

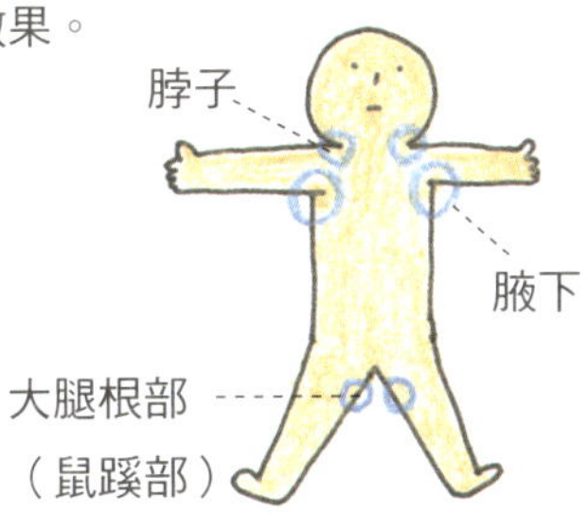
脖子
腋下
大腿根部
（鼠蹊部）

利用汽化熱降溫

穿上濕衣服，或用噴霧將皮膚弄濕。即使只是將濕毛巾掛在脖子上，體感溫度也會下降。如果再加上扇子搧風，效果更佳。

咻
啪
啪

濕毛巾
太讚了～

泡水

如果有水，這是最好的降溫方法！

呼～

但要小心不要降溫過頭…否則可能會引發其他健康問題！

防災memo

在夏季避難生活中，最需要注意的是預防中暑。請記住，即使是夜晚或室內，也可能因高溫中暑。如果感覺頭暈目眩或失去平衡，這可能是中暑的徵兆。本頁提供的方法既可用於預防中暑，也適用於緩解輕度中暑症狀，請積極採取應對措施。多補充運動飲料或使用沖泡型電解質飲品，如果症狀仍未改善，請立即呼叫救護車。

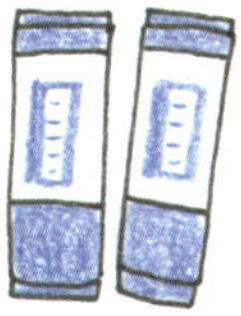

12 停水時如何洗澡

STEP 1

用濕紙巾或濕毛巾擦拭身體

這是最基本的方法。雖然沒有用水沖洗，但有沒有擦澡之間的差別非常大。搭配P79提供的重點清潔項目一起進行，效果更佳！

只要擦一擦
就能感覺清爽！

DEODORANT
BODY PAPER
身體用
濕紙巾

將毛巾或手帕弄濕

手帕的布料很薄，使用少量清水就能擦拭，並且容易晾乾。

市售的濕紙巾

直接使用濕紙巾就不需要用水，方便且可直接丟棄。建議家中常備純水濕紙巾，也可以購買除臭止汗專用的功能性濕紙巾。

露營 memo

雖然有些營地或山屋提供簡易淋浴設施，但在沒有這些設備的情況下，一樣可以採用擦拭的方法解決衛生問題。無法更換內衣褲時，建議女性使用衛生護墊來應急。

避難所內設有淋浴設施的情況非常少見。在家避難的情況下，如果瓦斯仍可使用，即使停電，也能用瓦斯熱水器洗個熱水澡。不過，假如遇到停水，當然還是無法淋浴。即使是喜愛戶外活動的人，對「不能洗澡」這件事的接受程度也因人而異，並可能隨季節而有所不同。不過畢竟是非常時期，沒有人會因為沒洗澡就活不下去。話雖如此，為了衛生問題和保持身心愉悅，請儘可能保持身體清潔。

別擔心，其實擦澡很簡單唷！

非常時期如何使用少量熱水進行重點清洗

在避難生活中，用熱水洗臉或泡泡手腳，即使只是這樣，也是最幸福的時刻。可利用卡式爐加熱儲存在浴缸裡的水，進行以下清潔作業。

用兩盆熱水洗頭

就算沒有泡泡
只用熱水也OK！

1. 用梳子或扁梳把頭髮弄濕
2. 用少量洗髮精或香皂清潔頭皮
   即使沒有起泡泡也不用在意！
   完全不使用洗髮精也沒關係。
3. 用梳子或扁梳來沖刷頭髮
4. 大致梳洗乾淨後，一邊慢慢用臉盆裡的熱水沖洗，一邊把水倒入馬桶
5. 用第二盆熱水重複步驟3～4

＊如果想用潤髮乳，可以選擇免沖洗的護髮乳或護髮油來護理頭髮。

用一盆熱水擦拭身體

如果能燒熱水的話
請務必試試看！
好暖和啊～

1. 先取一盆量的熱水，單獨裝好
2. 洗臉
3. 泡手、泡腳
4. 將小毛巾弄濕後擦拭身體
5. 一邊局部清洗，一邊把水倒入馬桶裡，再用1盆子裡一半的熱水來沖洗
6. 剩下的另一半熱水，用來刷牙

＊清潔順序或步驟可以根據個人習慣進行調整。

防災 memo

連續好幾天沒洗澡的話，頭皮會比身體更癢。如果水不夠用來洗頭，可以用濕布或濕手套輕輕擦拭頭皮，這樣也有清潔效果。市面上也有販售不需要用水的乾洗髮產品，建議提前準備好。

請不要
太過勉強！

Check!

☐ **只用擦拭的洗澡方法，感覺如何呢？**

非常舒服！　可以接受　不太行　無法接受

note ____________________

____

12

戶外與避難皆適用的高機能服飾

如果需要離家前往避難所，能攜帶的替換衣物通常非常有限，建議選擇高機能性的戶外服飾。

戶外用高機能服飾的特點

戶外服裝不僅需要活動方便，還要具備在天氣多變或早晚溫差大時保護身體的功能。尤其是在衣物弄濕的情況下，保持體溫是攸關生命的問題，需要特別注意。另外，由於需要用最少量的替換衣物來應付多日的避難生活，挑選具備材質優勢且適合多層次穿搭的服飾很重要。即使是日常通勤或通學，這些高機能服飾在極端天氣下也能派上用場。

別看我穿這樣，
內衣褲和襪子都是
高機能款！

速乾性

與運動服類似，以下這些服飾主要使用聚酯纖維製成，即使被汗水或雨水弄濕，也能快速風乾。

T恤

襯衫

輕薄刷毛衣

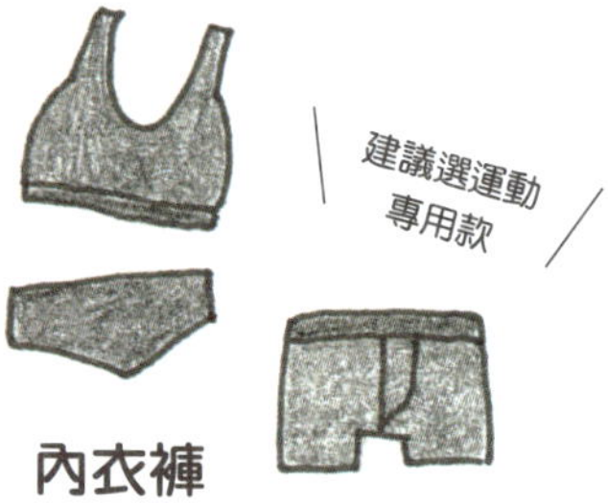
建議選運動
專用款

內衣褲

緊身褲

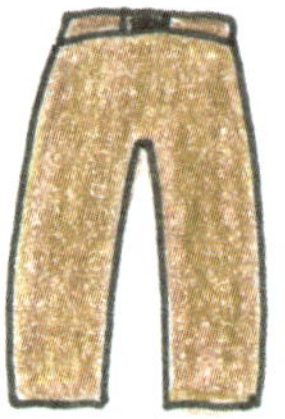

褲子

吸汗性

內衣、襪子等直接接觸肌膚的貼身衣物，應選擇吸汗後不會讓肌膚感覺濕黏的材質。

羊毛材質

陸續推出
新的網狀材質！

網狀材質

防臭功能

身體流汗就容易產生異味，在無法頻繁更換衣物的情況下，這項機能非常重要。

常常會有
「那個人是登山第幾天啦？」的疑問
臭…

防水透氣性

以Gore-Tex®等材質為代表，市面上有許多防水又透氣的雨衣產品。

有效防水
快速排出汗水

防風性

寒風是讓體溫快速下降的頭號敵人！穿上雨衣或防風外套就能有效應對。

啪
啪
啪
啪
啪
防潑水的防風外套
在登山時尤其實用！

保暖性

僅具備防水、防風功能的服飾無法充分保暖。建議搭配羽絨或化纖棉的外套，羊毛和刷毛材質也是保暖的好選擇。

我不是米其林寶寶唷～
羽絨外套搭配羽絨褲，
最強保暖組合！

露營memo

高機能運動服通常採用彈性佳的布料與立體剪裁，既合身又不壓迫身體。無論是炎熱的天氣還是寒冷環境，都能根據「洋蔥式穿搭法」靈活調整，既防曬又保暖，適合各種戶外活動需求。

行動方便

超方便的攜帶型淨水器

攜帶式淨水器讓你隨時隨地都有飲用水。目前市面上的淨水器多為國外知名品牌製造，建議選擇同時適合戶外活動的產品。

吸管型淨水器

裝在寶特瓶上
啾！
擠
啾！
直接吸
啾！
SAWYER
只有手掌般的大小
適合隨身攜帶！

附水瓶型淨水器

和水瓶一起
啾！
這裡是淨水器

日本擁有可以從水龍頭直接飲用的自來水，且擁有豐富的清澈山間溪流和湧泉水，因此在戶外活動中使用「淨水器」的人並不多。然而，近年來由於對環境污染和野生動物帶來的寄生蟲問題等擔憂，隨身攜帶淨水器的需求逐漸增加。

　戶外活動專用淨水器不僅能過濾雜質和灰塵，還能去除細菌和病毒。只要擁有淨水器，除了海水（是否願意喝就另當別論），幾乎任何水源都能轉化為飲用水！

喝水才能維持生命！

STEP 1

有了淨水器，
這樣的水也能喝！

試試看，淨水後飲用吧！

大家可能會擔心淨水器是否值得信賴，但不妨鼓起勇氣試試看吧！只要親自體驗過，發現水質是安全的，對於飲用水的疑慮就會減少，世界也會因此變得更廣闊唷！

浴缸水

經過淨水器處理後的浴缸水，若有香味殘留在水中或濾芯裡，就會影響後續的淨水效果，因此使用過泡澡劑的水不適合淨水。

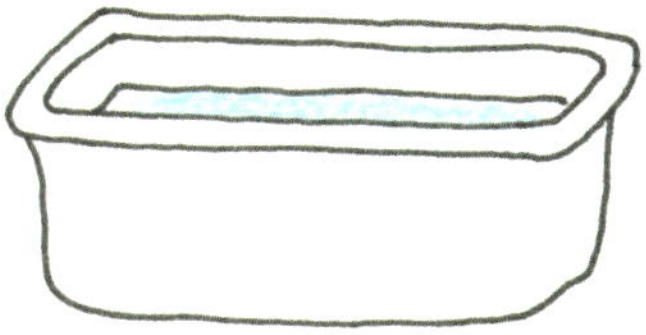

我家已經不使用
泡澡劑了！

馬桶水箱的水

馬桶水箱裡的水是蓄水，只要未加入清潔劑或芳香劑，經過淨水後即可飲用。和浴缸水一樣，如果加了清潔劑或芳香劑就不適合淨水。建議平時改用掛在馬桶上的芳香劑，而非直接投入水箱裡的產品。

自然水源

台灣和日本的水資源都很豐富，河流、溪流、湖泊或池塘等水源很容易找到。

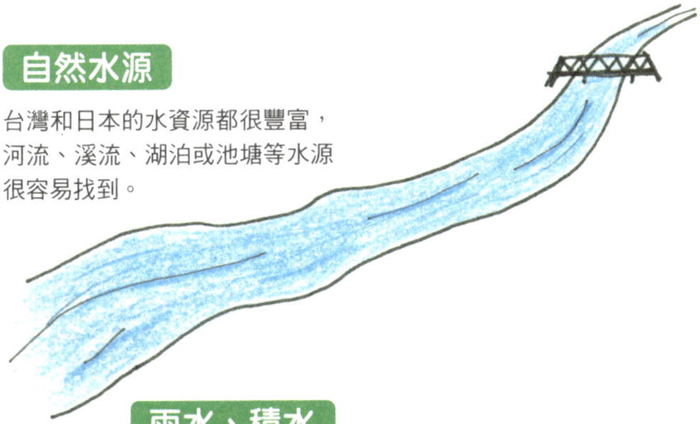

雨水、積水

剛落下的雨水未經動物或細菌污染，經過淨水後可安全飲用，相對來說也比較容易讓人接受。

露營 memo

即使沒有淨水器，大部分的水源只要煮沸後都可以飲用。不過在高海拔地區，由於沸點會下降，水煮沸後至少要再沸騰五分鐘以上才能徹底消毒。順帶一提，就算是自來水，也是經過淨水場處理的河水而已，並非完全無汙染。

Check!

☐ 淨水後喝的水是＿＿＿＿＿＿＿的水

note ＿＿＿＿＿＿＿＿＿＿＿＿＿＿＿＿

13 思考如何儲水

水是人類生存的必需品，因此務必準備好基本的儲水量。由於每天的生活都需要用水，應定期替換更新，以確保現階段儲水可安全使用。

水

成箱購買礦泉水

如果平時有飲用礦泉水的習慣，透過網購定期配送是一個聰明的方法。不僅能避免忘記購買，價格也更實惠。當礦泉水消耗到接近基本儲備量（每人每天3公升×3天）時，就可以再下訂單。對於平時不購買瓶裝水的人，不妨考慮準備一些可長期保存的瓶裝水作為防災儲備。

水

循環儲備自來水

將自來水裝入水瓶或寶特瓶中密封保存，並在使用後重新裝滿，以保持基本的儲備量（每人每天3公升×3天）。雖然初期養成這個習慣可能有點麻煩，但一旦習慣之後，這是最經濟實惠的方式。也可以將礦泉水當作飲用水，將循環儲備的自來水用於日常生活，這樣的分類儲水方法也很實用。

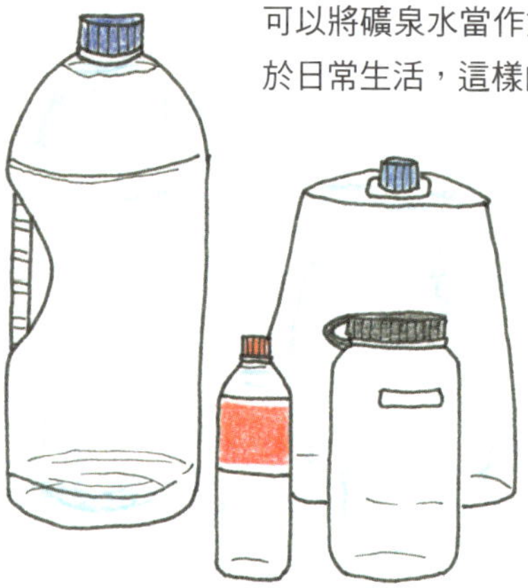

如果用大型塑膠水箱來儲水，可能會因為重量太重而難以搬運，建議將水儲存在單手可以輕鬆提起的容器裡，使用時比較方便。

水

循環儲備自來水的使用方式

我會在廚房和洗臉台等位置儲水，將準備好的水放在隨手可見的地方，這是讓自己持續儲水的祕訣。加了殺菌成分（氯）的自來水不易變質，但如果是飲用水，建議至少每五天要更換一次。即使放太久而忘了使用也沒關係，請養成持續儲水的習慣。在關鍵時刻，這些水可能會救你一命。

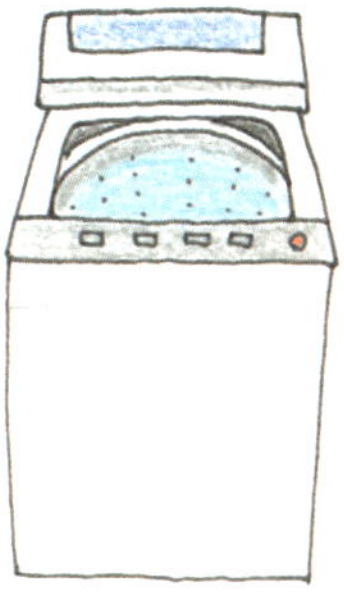
洗衣

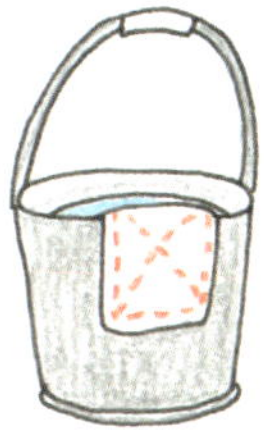
打掃

澆花

烹飪

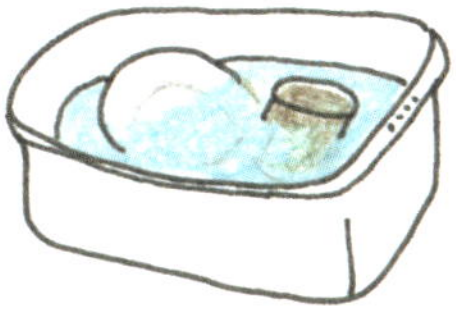
洗碗

泡茶等等

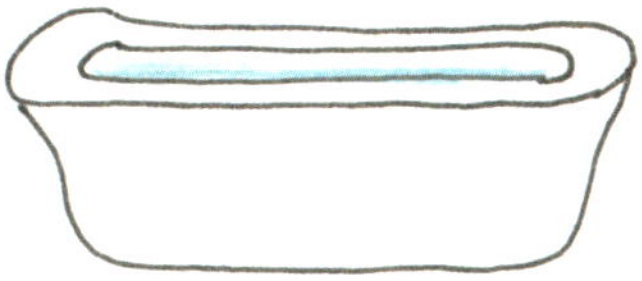
泡澡

防災memo

停水時，自來水公司通常會派出供水車，並在鄰近地點設立供水站。如果家中有大型且堅固的塑膠袋、大型的雙肩背包或推車，用來搬運水會更方便。

【塑膠袋＋後背包】　　【推車】

將塑膠袋裝入登山背包中
好重喔～
但是，比用手拿輕鬆很多
好重喔～
但是，比用手拿輕鬆很多

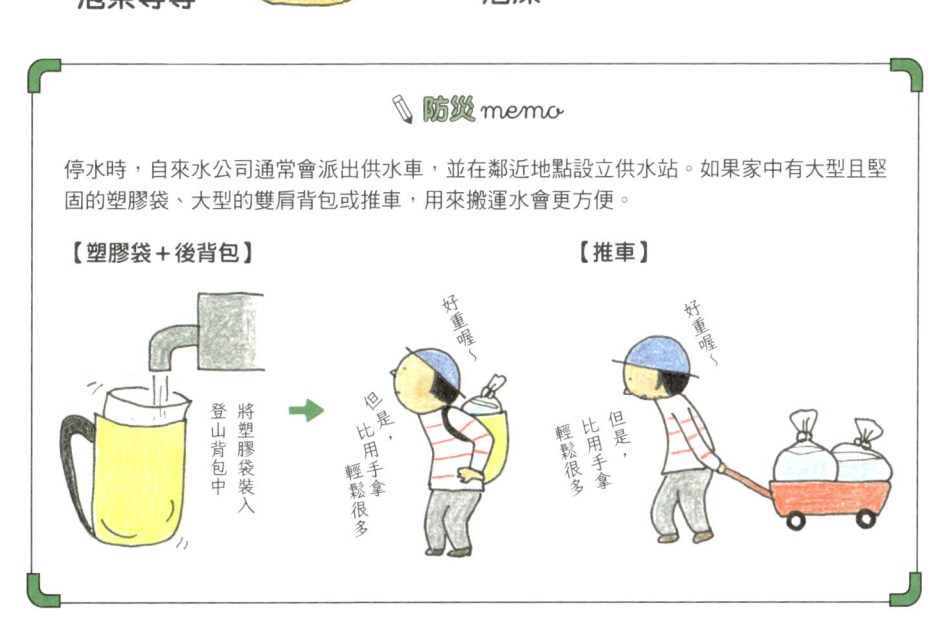

14 為黑暗的夜晚做準備

停電的夜晚
一片黑暗……

遇到地震或颱風等災害可能會導致停電，電力中斷是我們最常面臨的災害情況，因此許多人家中都常備有手電筒等緊急照明工具。如果停電發生在白天，行動不會受到太大影響，但如果發生在夜晚，情況就大不相同了。此時不僅屋內會一片黑暗，連街上的路燈、紅綠燈和霓虹燈招牌也會熄滅，街頭陷入漆黑，讓人心中的不安感加深。在避難時期，不需插電的照明工具是必需品，別忘了將照明設備放在即使身處黑暗也能隨手取得的地方。

STEP 1

在天黑之前準備好照明設備

請檢查一下現有手電筒等照明工具的電池是否有電。建議每人至少準備一個照明裝置。在家避難時，擁有一個能照亮整個房間的燈具會比較方便。

為手電筒加入巧妙設計

將手電筒的光線透過裝滿水的寶特瓶，或用吹氣的塑膠袋罩住，能使光線柔和擴散，猶如油燈般照亮整個房間，帶來意想不到的安全感。

防災memo

請勿在室內使用蠟燭、火把、油燈或燒柴等「明火」作為照明，避免引發火災或一氧化碳中毒。此外，大災害後可能會有瓦斯外洩的情況，即使在室外使用也應多加注意。

不只有手電筒！

推薦的緊急照明設備

在戶外活動中，除了必備的手電筒，以下這些照明裝置也經常派上用場。它們輕巧又不佔空間，可輕鬆放入包包，隨身攜帶。

太陽能燈

不需要電池的太陽能照明燈具，像海灘球般的設計，用完可以壓扁收納。充氣後吊掛起來可當作吸頂燈，效果極佳。建議平時就放在陽光充足的窗邊充電。

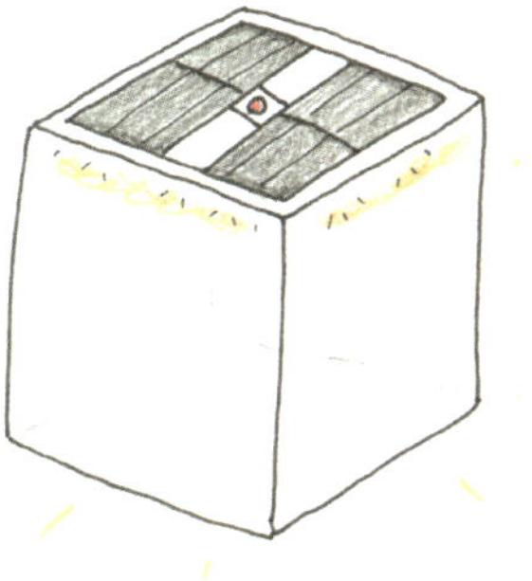

USB充電式燈

充電式燈具每次充滿電後即可攜帶出門，不必擔心電池的剩餘電量，並減少攜帶備用乾電池的負擔。有些款式還可兼容乾電池，十分推薦。

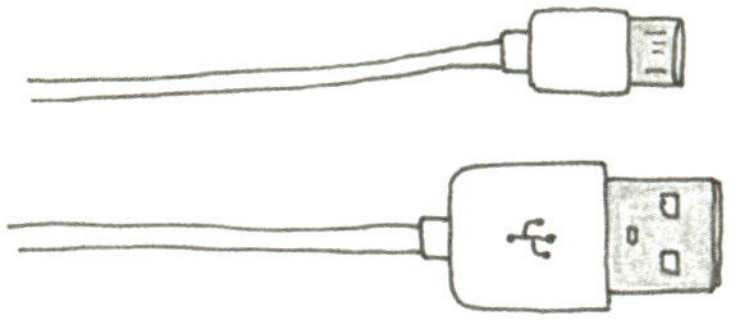

頭燈

戶外活動的必備照明工具，也非常適合作為防災準備品。頭燈佩戴於頭部或脖子上，雙手可自由活動，方便搬運物品或烹飪。即使手持使用，也如同手電筒般輕便實用。

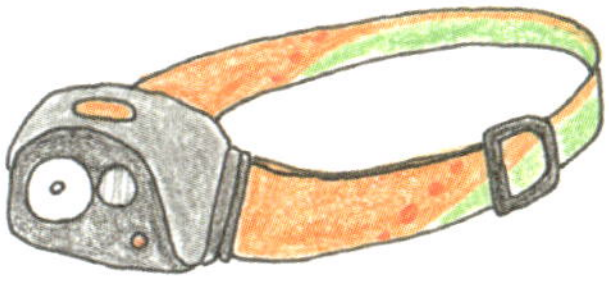

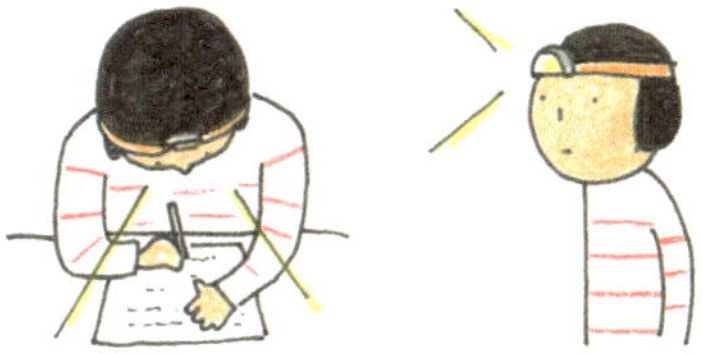

防災memo

雖然電力通常比其他基礎設施恢復得快，但連續停電數天的情況也不罕見。即使備有乾電池，若尺寸不適用於現有的照明裝置，仍會造成不便。建議事先檢查並確認是否仍有電力，並避免混用已耗盡的電池。

Check!

☐ 照明亮度足夠嗎？

足夠　不足　非常暗　感到恐懼　安心舒適

note ____________________

____

14

電力和電池

不論遇上何種災害，停電通常都是伴隨而來的情況。以下介紹一些可用來發電或儲電的設備，在停電時也可以正常使用。

各種發電、蓄電與充電裝置

停電時，最讓人困擾的是「手機無法充電」。如果僅需少量電力來維持手機的基本使用，儲備這樣的電力並不困難。但若希望能無限制地使用手機或其他電器，就需要提前生成並儲備相應的電力。請選擇適合自己的設備，提前規劃好應對方法。

做這麼多都是為了用手機！

汽油發電機

這是最常見的「發電機」。燃料為汽油，無法在室內使用。雖然供電量充足，但通常無法儲存在機器本身，因此需要直接連接插座或電池。由於操作和處理需要專業性，這類設備比較適合用在人群集中的場所或大型公共設施。

攜帶型太陽能板

利用陽光發電。由於供電能力有限，因此建議先將電力儲存於電池中再使用。雖然受天氣影響，充電穩定性較低，但以「從零開始製造電力」的角度來看，擁有它是一個經濟實惠且安全性高的選擇。

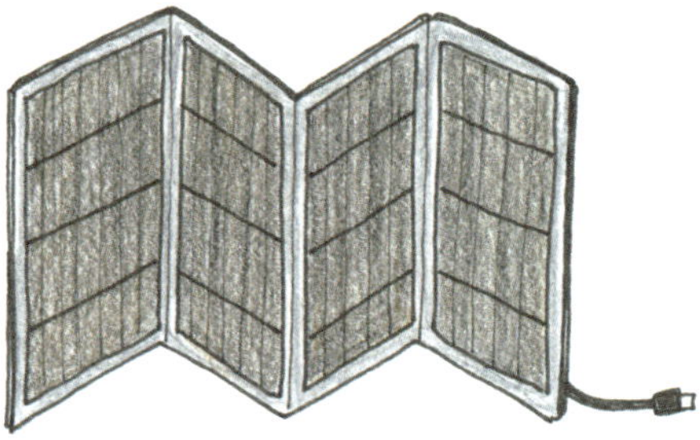

車輛

汽車也可以作為一個實用的發電工具。如今市面上已有具備災害備援功能的電動車，車輛本身相當於一個大型電池。露營車等車種甚至可稱得上是「行動的居家避難所」。

大容量行動電源

容量足以為智慧型手機充電4～5次的電池（建議容量16000mAh以上），每人至少要準備一個，尤其是過夜等長天數的戶外活動，有此容量讓人比較安心。

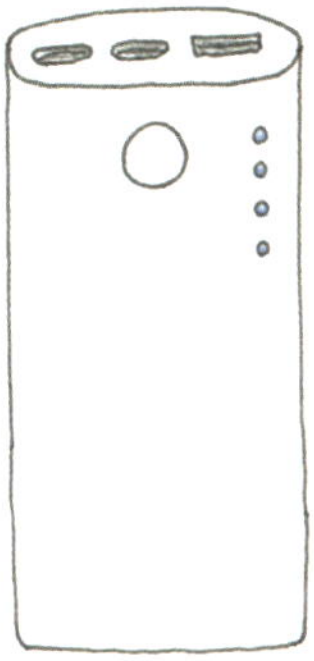

乾電池式充電器

如果主要依靠這種充電器，就需要準備大量乾電池，攜帶起來比較不便。然而，為了應付充電式電池電量耗盡或無法使用太陽能發電等情況，仍建議準備一台以備不時之需。

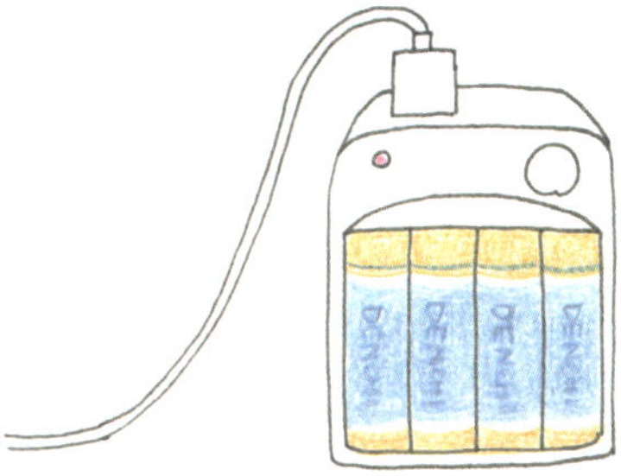

攜帶式戶外行動電源

這種大容量電池甚至能為家電供電。雖然價格較高，但如果是一家人打算在家避難或進行數日的露營活動，則建議考慮購入（推薦規格：正弦波交流輸出300wh以上）。別忘了要經常保持電力充足。

嗯…
停電的時候，
才會體會到
平常有多麼依賴電力…

防災memo

即使平常對用電斤斤計較，仍不易察覺各種電器的用電量。如果購買了大容量電池，請從充滿電開始使用，直到電池耗盡，才能了解可儲藏的電量。對於太陽能板等發電設備，也應測試在不同條件下能蓄積多少電力。透過這些測試，才能在停電時冷靜管理電力，並且有助於日常省電。

15

「如果有」就挑戰

用睡袋安心睡個好覺

天黑後，請儘量早點休息。避難時，情緒可能會比較亢奮，或因壓力而容易感到沮喪，通常身心會比想像中更為疲憊，因此早點休息非常重要。即使難以入睡，只要在黑暗中躺下並閉上眼睛，也能獲得不錯的休息效果，這一點已經得到科學上的實證。如果真的睡不著，請避免頻繁起身或是擔心一些不必要的事，以免加重心理負擔。在這個篇章會介紹一些適合戶外活動與避難時使用的寢具，幫助你應對特殊情況下的睡眠需求。

STEP 1

沒什麼事可做的話 早早上床休息吧！

如果有睡袋等戶外活動寢具，請善加利用！

睡袋 具有棉被般的保暖效果。根據形狀與內部填充材質，可分為以下兩種類型。

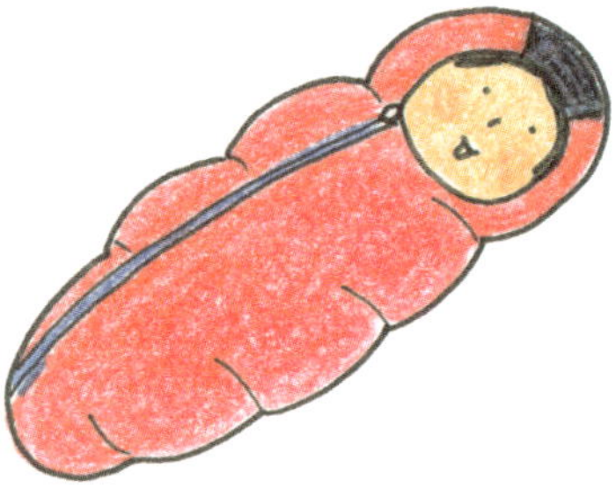

蛹　型

適合用於寒冷季節或低溫環境，這類睡袋多使用羽絨填充。

信封型

適合用於室內或氣候溫和的戶外環境，攤開後可當作棉被使用。

睡袋內部材質主要分為以下兩種

羽絨（羽毛）

輕便且保暖，壓縮後收納體積較小，適合登山和露營使用。但價格較高，且需注意防水問題，因為羽絨一旦碰到水就完全失去作用。

鋪棉（聚酯纖維、化纖）

保養容易，可直接丟進洗衣機清洗。適合春夏等溫暖的季節使用，保暖性普通，體積較大，重量也比羽絨略重。

睡墊

具備床墊的功能。不僅能提升睡眠舒適度，還可隔絕地面傳來的寒氣，是戶外活動的必備品。

空氣睡墊

像橡皮艇一樣，充氣後即可使用，具有良好的防震效果，輕巧易收納。

可折疊到這麼小

鋁箔泡棉睡墊（蛋殼睡墊）

雖然很輕，
但即使折疊起來
體積還是很大。

外型呈現凹凸不平的聚氨酯塑膠，直接鋪設在地上即可使用。雖然體積較大，但保暖效果穩定，使用方便。

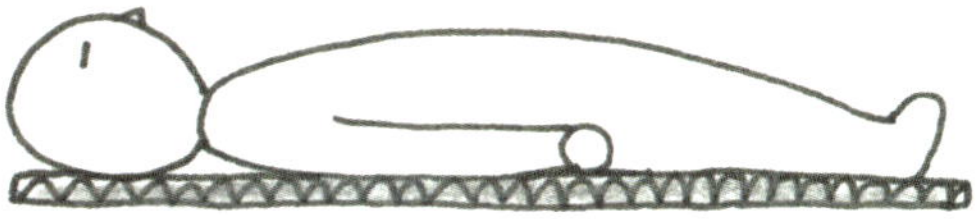

行軍床

一種矮床，也能當作長凳使用。因為不接觸地面，夏天通風性佳，冬天可隔絕地面寒氣。由於攜帶不便，更適用於汽車露營。

COT

露營 memo

不論睡袋或睡墊，都可依季節與地點選擇適合自己的規格。這些產品價格不一，各有優缺點，請根據個人喜好挑選自己適用的類型。

Check!

☐ **馬上就睡著了嗎？**

睡著了　　睡不著

note ______________________

____

15

如何打發漫漫長夜

因為停電而不能看電視、滑手機，居家避難期間很可能會感到無聊。在這種時候，不妨事先準備一些懷舊的遊樂方式吧！

消磨時間的娛樂提案

即使知道自己處於非常時期，但仍可能會反覆出現「來滑手機吧！來打電動吧！來看電視吧！啊……可是停電了……」的情境。為了擊退因無所事事而產生的不安，不妨試著玩一些久違的懷舊遊戲。

即使一個人也能玩！

撲克牌

不論是一個人還是全家都能玩的遊戲。撲克牌簡單且不受人數限制，是它最大的魅力。

看書

翻翻那些買回家之後一直放在書架上的書，或者重溫已經讀過但很喜愛的書，不管哪個領域，都試著翻閱看看吧！

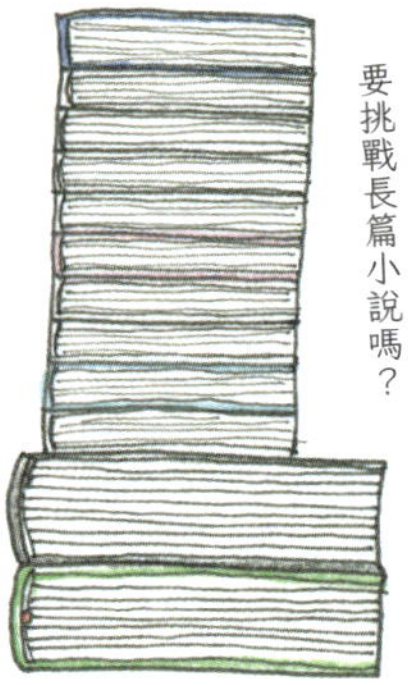

拼圖

作為防災備品，在家裡儲備未拆封的拼圖也是不錯的方法。

收音機

小型收音機耗電量低，還能帶來溫暖的聲音和有關災害的實用資訊，可說是一舉兩得。用於戶外活動也很方便。每個家庭請務必準備一台！

家有兩人以上

黑白棋・西洋棋・圍棋・麻將

這些經典遊戲現在還有推出口袋版的尺寸，方便攜帶至戶外露營，正因為是經典款，所以非常耐玩！

桌遊

桌遊的主題、難度、所需時間與種類五花八門，從雙陸棋到解謎、推理或心理測驗類的遊戲，大人小孩都能玩得很開心。

扭扭樂

長時間關在屋子裡的話，身體會缺乏活動。這個時候，十分推薦「扭扭樂」這種能夠伸展身體的遊戲。

白天玩這個

在室內或戶外動一動身體

如果家中有院子等寬敞安全的空間，可以稍微活動一下，玩些簡單的球類遊戲，例如羽毛球或桌球等等。

防災 memo

長時間待在避難所、車輛或帳篷等狹小空間，可能導致血液循環不良，引發「經濟艙症候群」，嚴重者甚至會危及生命。只要儘量到戶外做些簡單的體操、散步或輕度伸展，就能達到預防效果。即使沒有空間做跑跳類的運動，也可隨時抬高手腳或輕微晃動身體，定期活動以促進血液循環。

column 02

寵物防災指南

目前允許攜帶寵物的避難所並不多，因此家有寵物的人，通常只能選擇居家或車中避難。為了保護無法言語的牠們，希望大家能提早做好充分準備，甚至超越對人類的標準。

緊急狀況

如果家中有魚缸，停電後打氣馬達即無法運作，有些魚類可能無法存活，請事先設想好緊急狀況的應對方式。

飼料

除了事先購買足夠的飼料，也要掌握寵物所需的飲水量，做好循環儲備水的準備。

排泄物處理

特別是哺乳類寵物，應確認廁所用品的儲備是否充足。

身分證明

為避免寵物在災害期間走失，一定要佩戴項圈或帶有身分資訊的名牌。即使寵物平時很乖，遇到災害時也可能因驚慌而亂跑。

確保臨時的避難場所

請先找到在飼主避難時能信賴並願意代為照顧寵物的地方或人選，以備不時之需。

一起進行避難練習

在避難所內，寵物會面臨許多陌生的情境，可能因此影響行為，甚至打擾到其他人。為了避免衍生不必要的問題，建議平時和寵物一起練習「進入籠子」、「搬運籠子」、「不離開主人」及「適應他人」等口令。

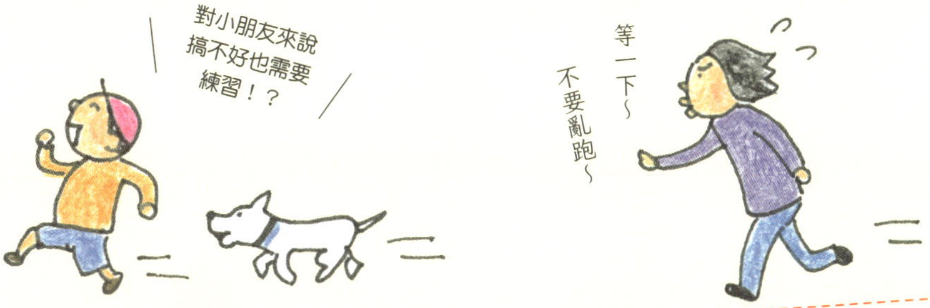

外出時的防災對策

災害發生時，主人不一定與寵物待在一起。寵物與人類不一樣，災害發生當下無法直接聯繫牠們，這可能使牠們的焦慮更為強烈。為此，可以考慮使用「監視攝影機」或「GPS」來確保安全，也可以事先拜託鄰居幫忙確認寵物的狀況。

只留下寵物在家避難

如果避難所不接收寵物，或不方便帶寵物去避難所時，讓寵物單獨「居家避難」也是一種選擇。可以考慮使用自動餵食器，讓寵物習慣自己待在家。此外，避難時，建議在家門外張貼有寵物的告示，以便他人知曉家中還有動物需要關注。

我的 居家防災避難體驗記

2018年北海道胆振東部地震發生時，我在家進行了三天避難生活，這裡記錄的是我最真實的感受。雖然只有短短三天，但實際的避難生活比想像中更加殘酷且孤獨，與大家分享以供參考。

從平日的白天就開始滾來滾去
滾來滾去…
啊—啊 這個時候如果沒有停電的話該有多好呀～

基本上就是很無聊

整個北海道都停電了。不過，還算幸運的是，因為我家災情相對輕微，生活上沒什麼不便。多虧了我平時有登山和戶外活動經驗，家中的相關裝備讓我能夠適應這樣的生活。天黑了就睡覺，天亮了就起床，去取水、借廁所、整理倒塌的物品，靠手機取得相關資訊，隨便吃點東西。

逐漸習慣之後，我開始看書、寫日記，平常總覺得不夠用的時間，突然變得很充裕。那時我記憶最深刻的是，一開始餘震十分頻繁，讓我無法集中精神做任何事。

上廁所變得很麻煩

停電後，我一開始沒多想，上廁所之後照常沖水，直到發現馬桶水箱不再注水，才驚覺供水中斷了。接下來該怎麼辦？我非常困惑，但當時依然樂觀，想說馬上就會恢復供水了，便繼續正常使用廁所（小便）。至於大便，那時我想到住家附近的河岸堤防有流動廁所，但必須步行十五分鐘以上。後來，我找到一家可以借用廁所的便利商店，但總覺得我用完後，廁所的方向傳來一股臭味……幸運的是，停電僅持續了三天，但這段經歷讓我深深後悔：沒有提前儲水真是個致命傷。

水的問題成了盲點

沒有事先儲備生活用水，是讓我感到最困擾的事情。雖然家裡有幾瓶果汁和罐裝啤酒，但無法用來煮飯，就算想稍微沖洗一下手，也沒有水可用。於是，我拿出所有空水瓶到河邊取水。取完水走回家時，我不抱期望地打開公園的水龍頭，竟然發現有水流出來！那時我才知道，原來只有我家停水，因為公寓的抽水馬達需要電力運作，這是我完全沒預料到的盲點。因為並不是停水，自來水公司官網才沒有公告停水的消息。

平時可留下幾個空瓶不要丟棄，
但不需要囤積太多！

平靜過後的強烈不安感再次悄然浮現

發生災害後，不知是否因腎上腺素激增，當下感覺自己頭腦特別清醒且充滿活力。然而，隨著時間的推移，逐漸意識到事情的嚴重性（在停電的情況下，難以掌握真實的災情狀況），不安感也逐漸加深。雖然多年的登山經驗讓我習慣了不依賴基礎設施的生活，但不知道這種情況會持續多久，令人感到十分煎熬。這時，朋友的訊息或社群網站上的鼓勵，成為我重要的精神支柱。閱讀喜愛的漫畫，也讓我稍微放鬆心情。

呵呵呵～

避難所的情況

原以為自己對防災知識已經相當熟悉，但實際發生災害後，才發現仍有很多不了解的地方，尤其是關於「避難所」的運作方式。我不確定此時「應不應該前往」，以及「是否可以去」。在忐忑不安中，我決定第二天到避難所看看，然而，抵達後卻目睹某些災民因情緒失控，對著現場的學生義工大吼大叫，當時我心想「我無法跟這些人一起過避難生活…」，於是就默默回家了。因為這段經歷，我下定決心探索更完善的「居家防災」方法。

札幌市立〇〇小学校
該進去嗎？

居家防災挑戰

DAY2

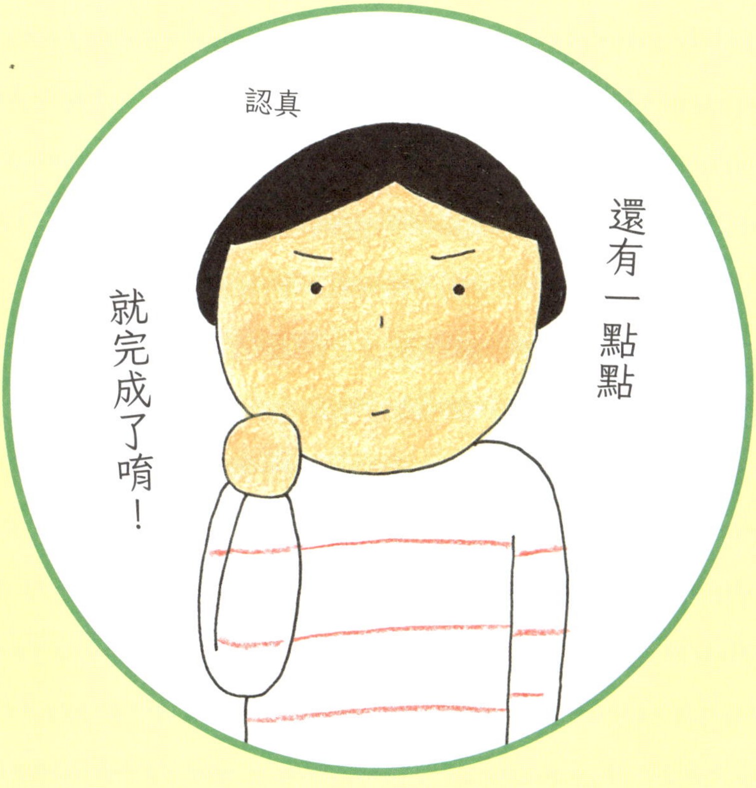
認真
還有一點點
就完成了唷！

那麼，第二天的挑戰開始。
探索更多應對災害的實用建議！

16

改造臥室的逃生動線

昨晚沒有地震，
真是太好了！

災害不會等待我們做好準備才來到，尤其是地震，隨時都有可能降臨。因為完全無法預測，發生時總是讓人措手不及。如果地震發生在睡夢中，有些人可能完全不會察覺；即使察覺了，大多數人也需要一些時間反應。

現在，請躺在平時休息的地方，試著想像一下：如果現在發生大地震，你會怎麼做？如果現在房間裡突然淹水了，有哪些物品會對你造成威脅？想像這些場景，能幫助你更有效地檢視臥室安全。

STEP 1

重新檢視臥室裡的家具配置

目前臥室裡是否有高大的家具？在日本1995年的阪神大地震中，死亡原因多為「被建築物或家具壓住」。即使家具不會直接倒下壓到人，也要確認是否有可能倒下後擋住出口的情況。

調整床鋪和枕頭的位置

床應擺放在遠離書櫃或衣櫃等高大家具的地方

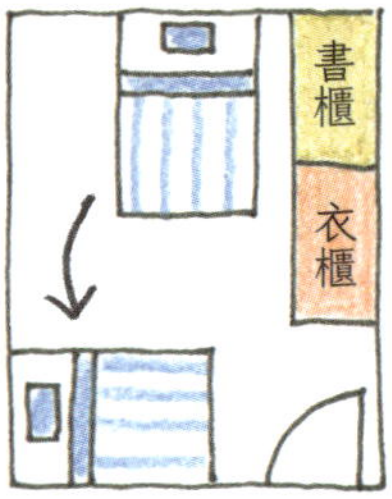
書櫃
衣櫃

將直立家具改為橫向擺設

將書櫃等高大家具橫放，變成較矮的配置。

加強家具穩定性，防止傾倒

市面上有專用的防傾倒補強器具，不需繁瑣的步驟即可進行加固。此外，重物如書籍應放在櫃子下層，上層儘量放較輕的物品，以穩定重心。

用空箱填滿頂部空隙
頂到天花板

STEP 2

確保家中的逃生路線

災害發生時，臥室的門窗能立刻打開嗎？如果因淹水、火災受困在房間裡的話，可能會非常危險。請保持冷靜，並確保逃生路線順暢。

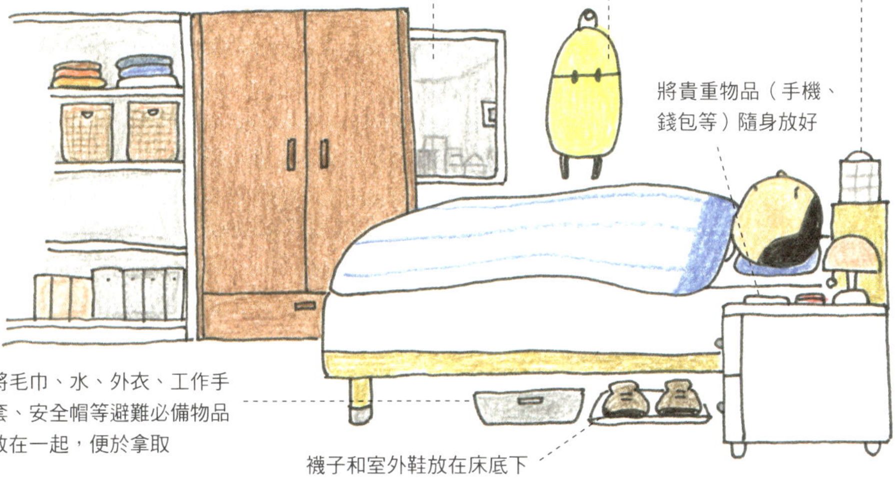
緊急照明燈放在隨手可及的地方
臥室中備妥緊急避難包
避免窗戶被家具擋住
將貴重物品（手機、錢包等）隨身放好
將毛巾、水、外衣、工作手套、安全帽等避難必備物品放在一起，便於拿取
襪子和室外鞋放在床底下

防災memo

如果居住於淹水或土石流災害潛勢區域之中，請重新檢視臥室的位置是否安全無虞。若為兩層樓的建築類型，發生淹水時建議待在樓上；若可能遇到土石流，離潛在崩塌地點最遠的二樓房間相對安全。家中有幼童或長者同住的話，臥室之間是否距離過遠，也是家人之間需要考量的課題。

土石流災害潛勢區域

Check!

Good Job!

☐ 重新檢視臥室狀況

很糟糕　有改進空間　沒問題

☐ 臥室的改善重點

______

______

16

打造更安全的居家空間

就算只是小小的改變，做與不做之間的效果可能有天壤之別。只需花一點心思整頓，便能強化居家的防災措施。

在 廚房 多下一點工夫

廚房裡有易碎品、刀具、鍋具等物品，是家中最多危險物品的地方。地震時，若餐具或鍋具因搖晃而飛出，即使沒有受傷，事後要收拾整理也很辛苦。

重物應放在櫃子下層

櫥櫃上層收納輕便且不常使用的物品，
下層則收納重物和經常使用的物品。

上層適合收納的物品範例
蒸籠、竹篩、塑膠餐盒、廚房紙巾、零嘴、乾貨……

廚房紙巾

下層適合收納的物品範例
砂鍋、大鍋子、餐盤、瓶瓶罐罐、調味料……

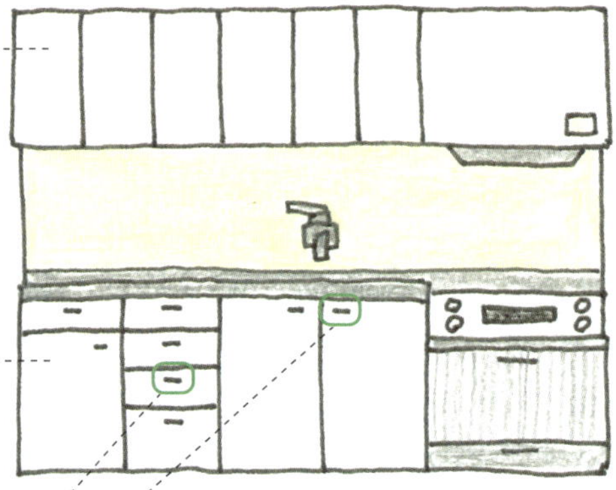

防止櫥櫃門和抽屜自動打開

若櫥櫃安裝了感應震動後自動上鎖的防震鎖，請確認其功能是否正常，必要時更換新鎖。也可以在門把上掛S鉤或綁上布條，同樣能有效防止櫃門打開。防止抽屜滑出的裝置，可以在特力屋等居家DIY商店購買專用的防滑器具。

餐具或廚房家電應使用防滑墊

可在百元商店購得的防滑墊，能在一定程度上防止物品移動。將淺底餐盤刻意以大小不一的方式疊放，據說能形成穩定的防震結構。

減少家中潛在危險吧！

在動線多下一點工夫

夜間若遇到停電或發生火災，即使手上有照明器具，也可能因慌亂而無法清楚辨認居家格局。明明很熟悉自己的家，卻因高低差而絆倒，或是找不到門在哪裡。為避免這個狀況，請事先做好應對措施。

貼在手機或手電筒上…
貼在門把、樓梯、走廊上…
貼在眼鏡盒上…

在動線上貼蓄光膠帶

將可以儲存日光或螢光燈光源的「蓄光膠帶」沿著避難路線貼好，一旦變暗就會微微發光，引導方向。也可以使用反射手電筒光的「反光膠帶」。這兩項商品在居家DIY商店或網路商店皆有販售。

在深夜回家時也貼…
zzz

防災memo

雖然有點難以想像，但地震可能會使電視、微波爐掉落；淹水時，甚至冰箱都有可能被大水沖走。居家裝潢DIY商店有防止家具傾倒的頂天立地桿、固定器具、防滑墊等防災用品，請評估是否需要添購。此外，日常的打掃、整理和收納也是居家防災措施之一，避免在逃生動線上堆放物品，保持桌面清爽，讓逃生路線保持暢通。

17

挑戰後的心得總整理

大家辛苦了！一起
來做個總結吧♪

Check!

☐ **關於食材**

note ____________________

需要改善的地方 ____________________

Check!

☐ **關於水**

note ____________________

需要改善的地方 ____________________

Check!

☐ **關於燃料**

note ____________________

需要改善的地方 ____________________

Check!

☐ **關於照明**

note ____________________

需要改善的地方 ____________________

Check! ☐ 關於廁所

note＿＿＿＿＿＿＿＿＿＿＿＿＿＿＿＿＿＿＿＿

需要改善的地方＿＿＿＿＿＿＿＿＿＿＿＿＿＿＿＿

Check! ☐ 關於洗澡

note＿＿＿＿＿＿＿＿＿＿＿＿＿＿＿＿＿＿＿＿

需要改善的地方＿＿＿＿＿＿＿＿＿＿＿＿＿＿＿＿

Check! ☐ 關於手機

note＿＿＿＿＿＿＿＿＿＿＿＿＿＿＿＿＿＿＿＿

需要改善的地方＿＿＿＿＿＿＿＿＿＿＿＿＿＿＿＿

Check! ☐ 無法使用的話最讓人困擾的東西

note＿＿＿＿＿＿＿＿＿＿＿＿＿＿＿＿＿＿＿＿

Check! ☐ 即使缺少也不太在意的物品

note＿＿＿＿＿＿＿＿＿＿＿＿＿＿＿＿＿＿＿＿

Check! ☐ 最喜歡的防災餐

note＿＿＿＿＿＿＿＿＿＿＿＿＿＿＿＿＿＿＿＿

Check!

挑戰中最辛苦的事

note

Check!

馬上需要添購準備的物品

note

Check!

□意想不到的好發現

note

□目前可以「在家避難」的可行性　　　　%

□完成挑戰之後的反思

note

＼ 以防萬一的 ／

緊急聯絡處

請記下朋友、職場、飯店等的聯絡方式

聯絡處❶

地址：

電話：

聯絡處❷

地址：

電話：

聯絡處❸

地址：

電話：

聯絡處❹

地址：

電話：

第3章

這樣準備才安心！

居家避難以外的必備知識

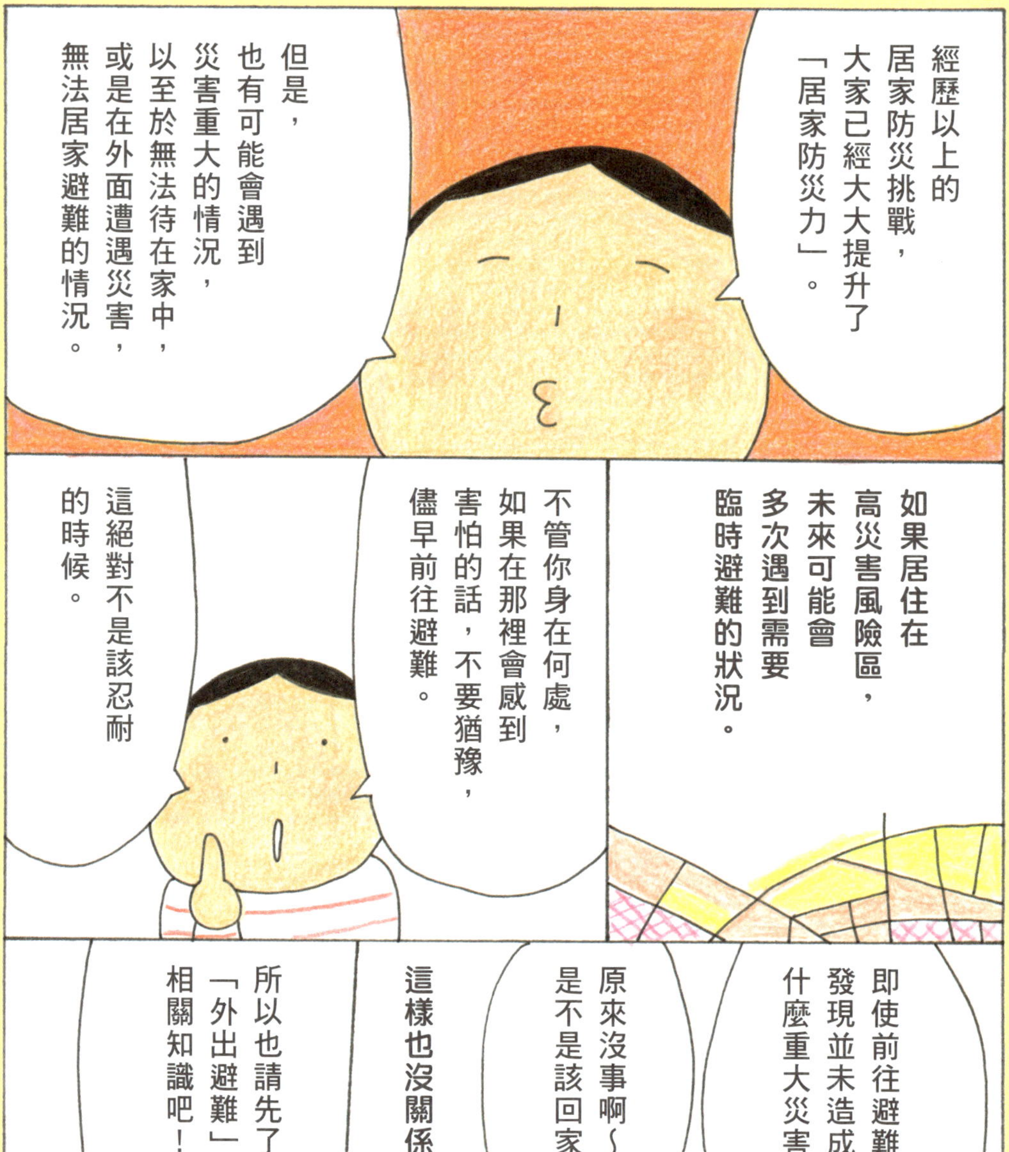
經歷以上的居家防災挑戰，大家已經大大提升了「居家防災力」。
但是，也有可能會遇到災害重大的情況，以至於無法待在家中，或是在外面遭遇災害，無法居家避難的情況。
如果居住在高災害風險區，未來可能會多次遇到需要臨時避難的狀況。
不管你身在何處，如果在那裡會感到害怕的話，不要猶豫，儘早前往避難。
這絕對不是該忍耐的時候。
即使前往避難所後，發現並未造成什麼重大災害——
原來沒事啊～是不是該回家了呢？
這樣也沒關係。
所以也請先了解一下，「外出避難」的相關知識吧！

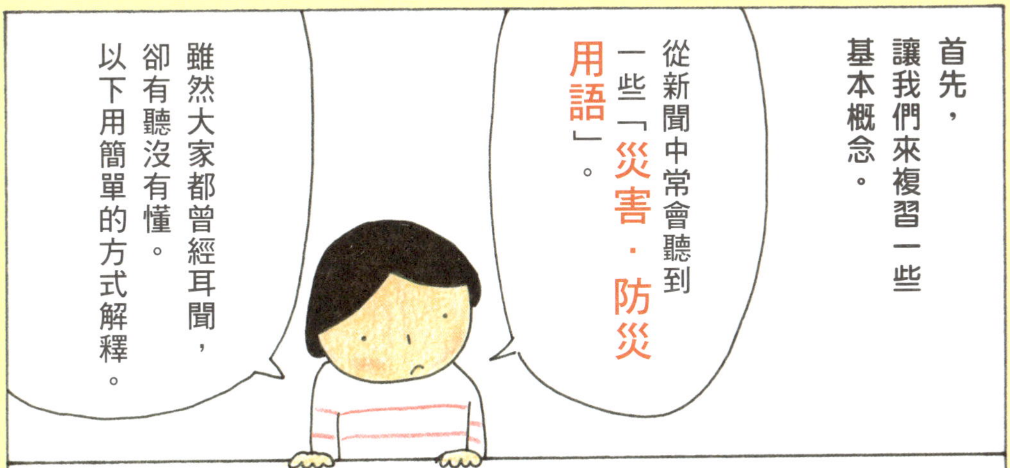
首先，讓我們來複習一些基本概念。
從新聞中常會聽到一些「災害．防災用語」。
雖然大家都曾經耳聞，卻有聽沒有懂。以下用簡單的方式解釋。

地震用語

震度
地震規模

震度：指「搖晃的程度」。同一個地震，震度的數值會因地點而有所差異。由於震度是代表地表的搖晃幅度，因此高樓層的搖晃可能會比地表更強，需特別注意。

淺層地震：震源位於陸地下方、深度較淺的地震，即使地震規模較小，但震央附近的地面震動往往比較劇烈。

地震規模：指「地震的大小」。對於同一個地震，只有一個數值。地震規模每增加一級，地震釋放的能量會將增加大約32倍。

內陸型
海溝型

海溝型地震：震源位於海底的地震，容易形成大地震，並可能引發海嘯。

例如…

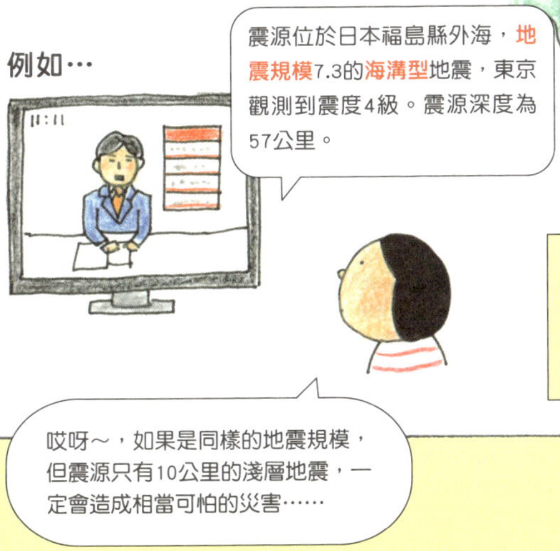
震源位於日本福島縣外海，地震規模7.3的海溝型地震，東京觀測到震度4級。震源深度為57公里。
哎呀～，如果是同樣的地震規模，但震源只有10公里的淺層地震，一定會造成相當可怕的災害……

震源深度：無論是內陸型還是海溝型地震，震源深度都從海平面0公尺開始算起。淺層地震會導致局部震動較強，深層地震雖然震度較弱，但影響範圍更廣。

水災與其他相關用語

洪水

指河川水量因颱風或大雨「增加或溢出來」的情況，重點在於是否為「河川的水」。即使水未溢出，但水量異常增加、導致河川無法負荷的狀態，也會使用「洪水」。

氾濫

指「溢出來的水擴散至大範圍」的情形，不僅限於河川，溢出人孔蓋等水流也適用，意指水迅速擴散到平時不會進水的區域。

淹水

指道路、建築物等正常不會進水的地方「被水淹沒」的情形。即使物體未完全被水覆蓋，只要部分浸水即可視為淹水。

土石流

在大雨、颱風等情況下，土石和水混合，並隨河水或山洪沖刷而下。可能夾帶如車子般大小的岩石，甚至是被沖斷的樹木也會一起沖刷流下。

轟

火山碎屑流

時速
100km!!

火山爆發時，高溫的火山氣體和熔岩碎片快速流動，並沿著山坡傾洩流下的現象，流動速度通常可超過每小時100公里，會摧毀經過的任何物體。

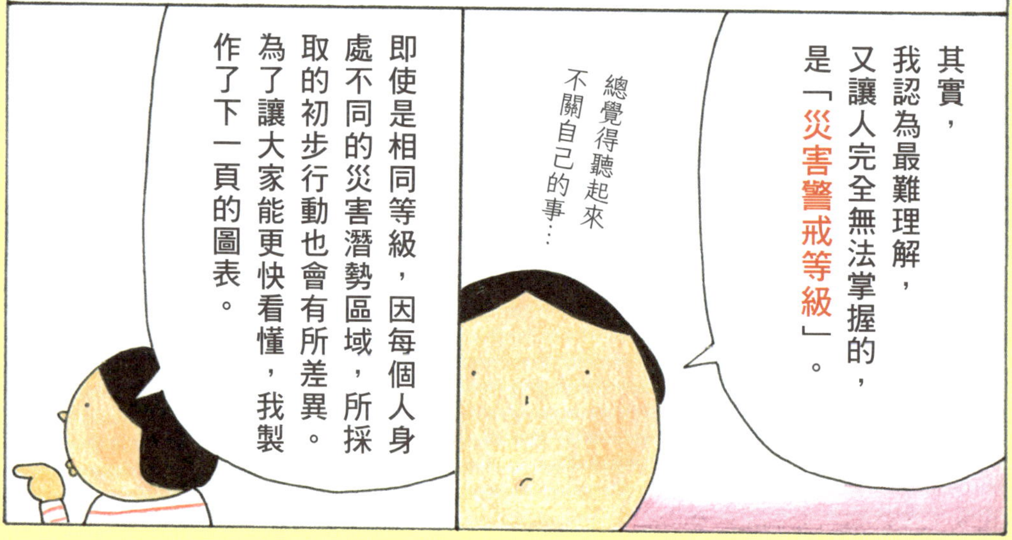
其實，我認為最難理解，又讓人完全無法掌握的，是「災害警戒等級」。
總覺得聽起來不關自己的事…
即使是相同等級，因每個人身處不同的災害潛勢區域，所採取的初步行動也會有所差異。為了讓大家能更快看懂，我製作了下一頁的圖表。

什麼是災害警戒等級？

主要是針對與「水」相關的氣象（颱風、大雨、大雪等）所發布的避難指示。不少人認為災害來臨前尚有時間準備，很容易錯過了防災時機。如果家中有幼童或長者等需要較多時間避難的家人，請不要遲疑，務必提早準備！

註：以下為日本的警戒分級制度，台灣則是分為「降雨警報」、「颱風警報」和「水位警戒」。

警戒等級 1

早期注意情報

報導範例

颱風正在接近中，預計於明天傍晚抵達沖繩縣。

建議採取的行動

- 留意氣象消息
- 確認備用品
- 前往採購

警戒等級 2

注意報、注意情報

報導範例

由於鋒面影響，已發佈大雨特報。

建議採取的行動

- 密切注意氣象消息
- 確認災害潛勢地圖

警戒等級 3

警報、警戒情報

報導範例

○○河已接近警戒水位，1小時降雨量已超過50毫米。

建議採取的行動

位於災害潛勢區內

→準備避難，並提前開始避難行動

位於災害潛勢區外

→準備避難，若感到不安，可提前避難

警戒等級 4

特別警報、危險情報、避難勸告、避難指示

報導範例

已對○○市全區發佈高潮警報、氾濫危險情報。

建議採取的行動

位於災害潛勢區內

→完成避難

位於災害潛勢區外

→完成居家避難準備，或已完成避難

警戒等級 5

災害發生情報

報導範例

○○河已經潰堤。

建議採取的行動

- 確保生命安全！

在上頁所標示的行動中，
會根據災害潛勢的類型、
所在地的地勢高低、
發佈消息的時段、
以及在場人員等各種狀況
而有所不同，
所以無法一概而論
因此——

請提前決定好
「我」、「我們家」
在發佈了某個
警戒等級時，
就前往避難吧！
這樣做
會讓你從容應對災難，
不必在看新聞時，
一邊困惑不知該如何判斷，
而危險正逐漸接近中！

Check!

我的避難警戒等級

決定好避難基準後，請先與家人分享！

＿＿＿＿＿＿＿＿＿＿一旦發佈警戒，立即**準備避難**！

＿＿＿＿＿＿＿＿＿＿一旦發佈警戒，立即**開始避難**！

note

接下來，讓我們看看實際避難時所需的基本物資吧！
即使是馬上就能準備好的東西，也請事先備齊。
我在製作下一頁的「緊急避難攜帶組合包」時驚覺，它幾乎和登山裝備完全相同呢！

安全帽（或帽子）

如果有安全帽，搭配護目鏡最佳，遇到像建築物倒塌這種大災害時，能夠提供頭部和眼部完善的防護。

衣物 →請參考P.80,81

若時間允許，請換上乾淨、便於行動的衣物後再行避難。建議選擇寬鬆、不會限制行動的衣物。

登山杖（或拐杖）

建議使用輕便且可伸縮的登山杖。行進於瓦礫、砂石或積水處時，能有效幫助保持平衡。

鞋子和襪子

選擇耐用、防水的款式最佳，例如運動鞋或橡膠長靴，務必挑選鞋底堅固的款式。

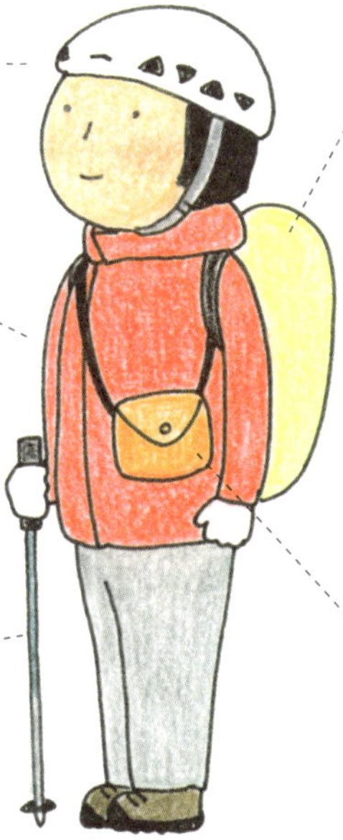

避難包

使用後背型背包最佳。除了雙手可以空下來的優點之外，即使走在惡劣的道路上，雙腳也能保持平衡，加快行進速度。如果是登山專用背包，其符合人體工學設計更能有效分散重量，即便裝載重物也不覺得笨重。建議重量控制在10公斤以內，力氣大的人也最好不要超過15公斤。

貴重物品

錢包、身分證件、手機等基本貴重物品應裝在隨身的小包中，隨時貼身攜帶。隨身包建議選擇小巧型，避免因體積過大而成為行進中的負擔。如果走路時會造成物品晃動，可將其放在衣物內側減少影響。

適用於戶外活動的避難造型

緊急避難包・基本清單

☑ 頭燈
☑ 行動電源
☑ 乾電池
☑ 杯子
☑ 餐具
☑ 打火機／火柴
☑ 衛生紙
☑ 濕紙巾
☑ 攜帶式廁所
☑ 大型塑膠袋
☑ 手帕／小毛巾
☑ 牙刷組
☑ 基礎化妝品
☑ 手拿鏡
☑ 綁頭髮的橡皮筋
☑ 常備藥品
☑ 除菌紙巾／消毒液
☑ 口罩
☑ 衛生護墊
☑ 生理用品
☑ 暖暖包／退熱貼
☑ 耳塞
☑ 工作手套／手套
☑ 筆記用具
（筆記本、附橡皮擦的自動鉛筆、原子筆）
☑ 油性麥克筆
☑ 布膠帶
☑ 小型刀片／剪刀
☑ 哨子
☑ 眼鏡／隱形眼鏡
☑ 貴重物品
（現金、信用卡、身分證明文件、手機）
☑ 重要文件
（例如人壽保險等文件、房地產文件等）
☑ 防寒衣物
（毛衣或刷毛外套、羽絨外套等一件。即使夏季也建議攜帶）
☑ 雨衣／雨褲
☑ 長袖T恤／短袖T恤（約3件）
☑ 貼身衣物（上下各約2件）
☑ 寬鬆的家居服
☑ 內衣褲（約2套）
☑ 襪子（約2雙）
☑ 室內鞋
☑ 折疊傘
☑ 飲用水1～2公升
☑ 防災餐（即食料理）
☑ 墊子（坐墊大小即可）

即使與家人同住，基本的避難包也應該人手一份，請為每個人準備完整的一套物資。

緊急避難包・推薦攜帶的便利物品

- ☑ 太陽能燈
- ☑ 收音機
- ☑ 小型書本／口袋大小的懷舊遊戲
- ☑ 攜帶式卡式爐・鍋子
- ☑ 砧板
- ☑ 夾鏈袋
- ☑ 保鮮膜
- ☑ 保溫瓶
- ☑ 報紙
- ☑ 細繩／行李束帶（約4～6公尺）
- ☑ 野餐墊
- ☑ 塑膠手套
- ☑ 卸妝紙巾／潔膚紙巾
- ☑ 眼藥水
- ☑ 乾洗髮
- ☑ 眼罩
- ☑ 護手霜
- ☑ 沖泡型電解質飲品／運動飲料
- ☑ 即溶沖泡飲品（咖啡、茶包、味噌湯等）
- ☑ 帳篷
- ☑ 睡袋
- ☑ 橡膠製涼鞋

這樣即使在避難所外也能安心過夜。

我的個人用品

請將您認為必要的物品記錄下來。

- ☑ ______
- ☑ ______
- ☑ ______
- ☑ ______
- ☑ ______
- ☑ ______
- ☑ ______
- ☑ ______
- ☑ ______

避難包請放在隨時方便拿取的地方，建議放在玄關或臥室！

在家中以外的備品清單

【在車上】

雖然在台灣不會下雪，但在日本等高緯度國家遇到大雪時，車輛可能會在車陣中動彈不得。在長時間塞車時，以下物品能派上用場：

- ☑ 照明設備
- ☑ 行動電源
- ☑ 飲用水（建議養成搭車時隨身攜帶的習慣）
- ☑ 食品（建議選擇高溫下不易變質的零食或點心）
- ☑ 毛毯／睡袋
- ☑ 防寒衣物（羽絨外套、刷毛外套、大披肩等）
- ☑ 雨衣／雨褲（拋棄式的輕便雨衣也可以）
- ☑ 眼鏡／隱形眼鏡
- ☑ 攜帶式廁所
- ☑ 不透明的塑膠袋（可當作攜帶式廁所的遮蓋物）
- ☑ 面紙／捲筒式衛生紙
- ☑ 報紙
- ☑ 打火機／火柴
- ☑ 鏟子（比起角鏟，尖鏟的用途比較廣）
- ☑ 鐵橇（雪鏟）（沒有車的人，家裡備著會比較安心，方便清除積雪）

【在職場或學校】

即使在職場或學校有共用的儲備品，個人也應該事先準備一些必需品，放在身邊以備不時之需：

- ☑ 照明設備
- ☑ 行動電源（注意是否有充飽電）
- ☑ 防寒衣物（羽絨外套、刷毛外套、大披肩等）
- ☑ 雨衣／雨褲（拋棄式的輕便雨衣也可以）
- ☑ 褲子（適合穿裙子上班或上學的情況備用）
- ☑ 飲用水（循環儲備，至少準備1公升）
- ☑ 眼鏡／隱形眼鏡
- ☑ 輕便後背包（可折疊的款式）
- ☑ 可以長時間走路的耐用鞋子
- ☑ 厚襪子

隨著生活型態的不同，有些人一天中有一半以上的時間是在職場或學校度過。假設在災難發生時，可能需要「在職場或學校過夜」以及「從職場或學校徒步回家」，請提前準備好必要的物品。

外出時建議攜帶的防災用品清單

如果還能多帶一些…

無論選擇哪一項，希望能再多準備一樣物品：

- ☐ 不透明的塑膠袋（大）
  （突發情況下必須在戶外如廁，可用來遮擋他人視線，或在雨天和寒冷時當作遮蓋物。用途靈活，視個人需求而定）
- ☐ 防風外套
- ☐ 防寒衣／披肩
- ☐ 眼鏡／隱形眼鏡
- ☐ 手帕／小毛巾
- ☐ 濕紙巾／除菌紙巾
- ☐ 備用口罩
- ☐ 攜帶式廁所

雖然沒有也不會死，

但有了會覺得「太好了」的用品：

- ☐ 藥用護唇膏
- ☐ 牙刷
- ☐ 防曬乳
- ☐ 眉筆或眉毛用品
- ☐ 芳香精油
- ☐ 家人或朋友的照片
- ☐
- ☐
- ☐

【最低限度的防災用品】

- ☐ 照明設備（迷你款也可以）
- ☐ 哨子
- ☐ 行動電源
  （即使只能充1～2次電的輕便款也OK）
- ☐ 飲料
  （果汁也可以，隨身攜帶）
- ☐ 零食、點心
- ☐ 零錢、電話卡
- ☐ 緊急聯絡資訊備忘錄

在上班、上學或旅行途中突然發生災害，這時該怎麼辦呢？這是誰也無法預測的情況。雖然準備防災物品有點麻煩，但只要在日常隨身物品中增添一些小工具，就能大幅提升應對能力。建議大家將這些物品固定放在包包中，無論走到哪裡都隨身攜帶。

準備避難時，請預留足夠時間來完成以下事項。因此務必「提前判斷是否需要外出避難」。

外出避難前需要完成的事項

確定要外出避難前，家中有些事項需要確認，避免災害擴大。當然，在發布海嘯警報這種分秒必爭的情況下，請以逃難為優先。

避難前應完成的事項

☑ 關閉自來水的水龍頭

確認所有水龍頭已關緊。特別是洗衣機或庭院的水龍頭容易被忽略。如果時間允許，建議關掉水源總開關。

☑ 關閉瓦斯開關

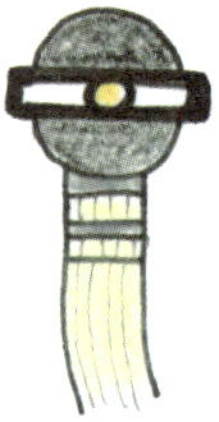
關

如果時間允許，請把瓦斯表的總開關也關起來。瓦斯表的總開關如遇到震度5以上的地震，會自動切斷瓦斯並閃紅燈警示

☑ 廁所防護措施

發生水災時，馬桶裡的水可能溢出，因此要在馬桶裡放置水袋以防止逆流。另外，停電、停水或瓦斯中斷後恢復時，可能會有突然溢出而造成意外的風險。可利用大型且堅固的塑膠袋，裝入浴缸水或馬桶水箱的水來製作水袋。

☑ 拔掉電器插頭

即使沒有停電，仍建議拔掉所有電器的插頭。如果停電，一定要關閉電源總開關。如果預測到避難期間可能會停電，提前關閉總開關會比較安全。

☑ 把避難地點寫在紙上並貼在玄關等明顯位置

避難地點：
東小避難所
家中3人
都平安
鈴木
聯絡電話
090-123-456

如無人在家，發生災害時應留下緊急聯絡資訊，方便來探視的親友或社區人員確認你是否安全，即便只寫上避難地點也可以，張貼在明顯的地方。

☐ 如果家中遭受災害，要拍照記錄以申請理賠

日後要申請保險理賠或是申請減稅，填寫個人災害損失申報表時必須附上災損證明，所以請先多拍一些照片吧！當然，遇到緊急情況時請以避難為最優先，即使回家之後再補拍也沒關係。

☐ 拉上窗簾

瞬間強風可能會將玻璃吹破，如此可減少玻璃碎片飛散的風險。

☐ 確認所有門窗皆緊閉

防範不守規矩的宵小！
嘿嘿嘿

雖然真的是很令人無言，但火災現場時常發生偷竊事件！

避難時請注意

無法等待外出中的家人返回

那個孩子一定會趕回這裡來的…

平時就應該進行防災計畫會議，並徹底執行各自的避難計畫！

POST
去奶奶家
美紀

如果不希望讓陌生人知道避難地點，或有其他訊息想傳達給家人，請和同住家人事先決定好一個特定場所，在那裡留下訊息。

即使電梯還在運行中，也儘量不要使用

也許進電梯沒多久之後就會被困住，請務必走樓梯。

這個也要～
那個也要～!!

放下對物品的執念

雖然會有很多想帶走或保留的珍貴物品，但遇到房屋倒塌等緊急時刻，請帶著你的「生命」去避難就好！

謹慎進行電力、瓦斯及
自來水等的恢復操作！

平安返家後的處理事項

這裡介紹從避難地點返回家裡後需要完成的工作。
回家後也別放鬆警戒，逐一進行必要的檢查作業。

☑ 如有異常，在動手之前先拍照或錄影

若發現異常，建議在處理前先用照片或影片記錄，這對後續申請災損證明書或遭竊報案時十分有幫助。此外，若有異常狀況，請勿開啟開關，請聯繫相關設備公司。

REC

☑ 檢查家中狀況

OK！
OK！
嗯…？

在打開電力、瓦斯、自來水等總開關之前，先仔細檢查家中環境，包括瓦斯設備、插座周圍和用水區域，並注意異常氣味。同時，屋外的供氣、排氣設施如室外機或煙囪也需檢查。

☑ 自來水水龍頭要慢慢轉開

轟轟
轟轟

停水後恢復供水時，水管內的空氣會與水一起排出，可能造成水花四濺。剛流出的水通常會變得混濁，請讓水持續流動直到變清澈為止。廁所的沖水操作也應慢慢進行。

☑ 插頭先拔掉，再打開總開關

ON

為了防止突然通電而引發的「通電火災」，建議拔掉所有插頭，再恢復總開關電力。

☑ 瓦斯表的重新設定與打開總開關

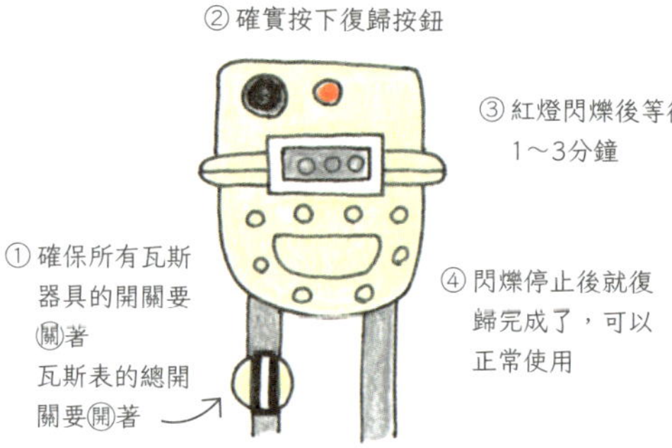
② 確實按下復歸按鈕
③ 紅燈閃爍後等待1～3分鐘
① 確保所有瓦斯器具的開關要(關)著
瓦斯表的總開關要(開)著
④ 閃爍停止後就復歸完成了，可以正常使用

瓦斯會因震度5以上的地震自動切斷。在打開總開關前，請檢查一下瓦斯表。如使用桶裝瓦斯，需確認瓦斯桶是否傾倒或接頭有無鬆動。開啟總開關後，為預防因瓦斯洩漏引起火災，請不要立即點火使用瓦斯爐，抽油煙機也要隔一段時間再使用。

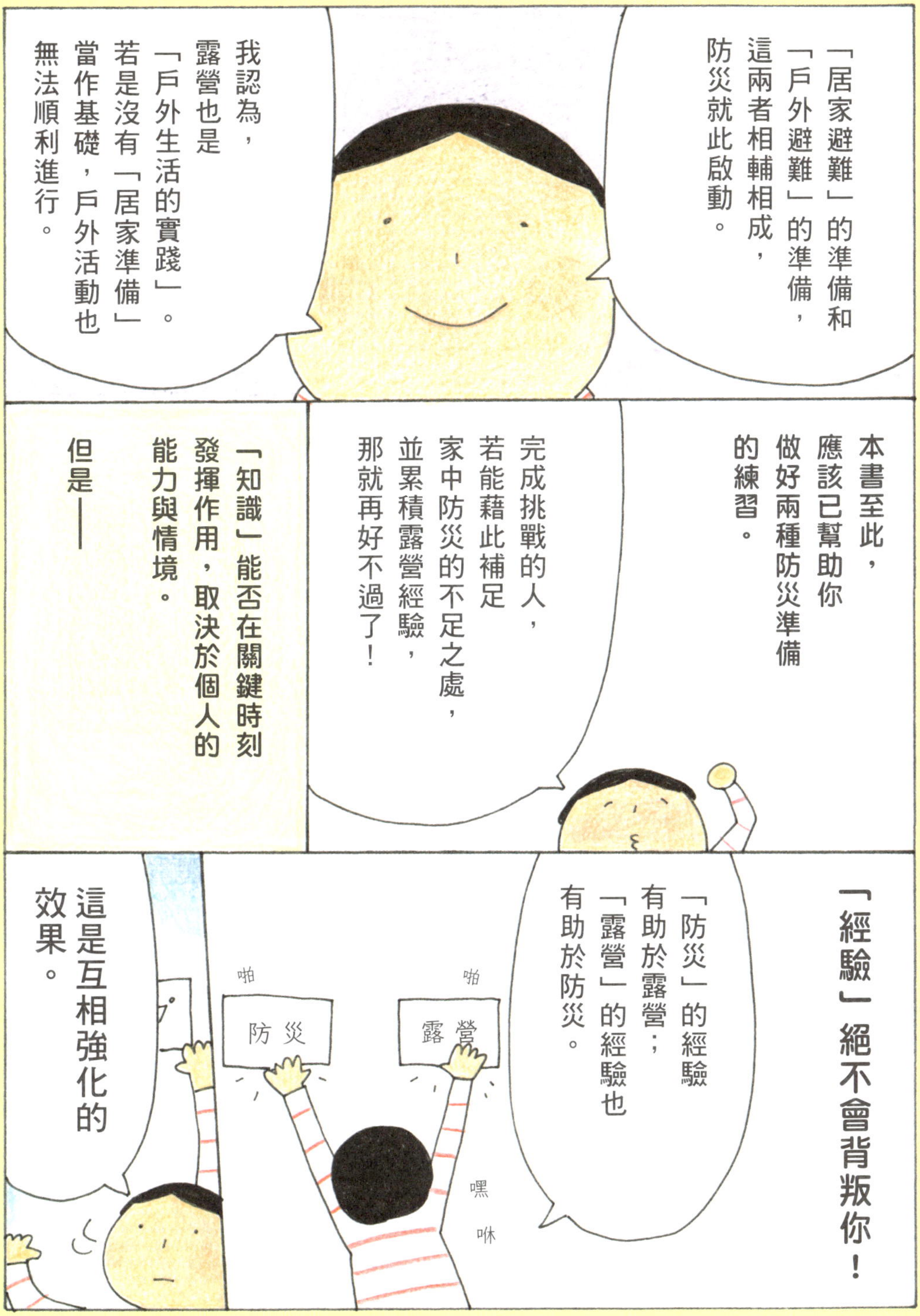
「居家避難」的準備和
「戶外避難」的準備，
這兩者相輔相成，
防災就此啟動。
我認為，
露營也是
「戶外生活的實踐」。
若是沒有「居家準備」
當作基礎，戶外活動也
無法順利進行。
本書至此，
應該已幫助你
做好兩種防災準備
的練習。
完成挑戰的人，
若能藉此補足
家中防災的不足之處，
並累積露營經驗，
那就再好不過了！
「知識」能否在關鍵時刻
發揮作用，取決於個人的
能力與情境。
但是——
「經驗」絕不會背叛你！
「防災」的經驗
有助於露營；
「露營」的經驗也
有助於防災。
啪
露營
啪
防災
嘿
咻
這是互相強化的
效果。

這兩個看似毫不相關的詞彙，其實有著許多相似之處。
正如本書介紹的，它們在情境與所需用品上有許多共通點。
不過，我認為它們最相似的共同點是——
當我們在大自然中度過戶外時光，即使是在經營完善的露營場地，也存在與日常生活不同的潛在風險。
預先假設這些「潛在風險」，並自行做好「準備」——
這種前往露營的心理準備，往往被視為理所當然……
說到底，這就是防災。
沒錯，就是這樣！

也就是說，
我個人認為，或許
可以在這裡畫上等號，
不是嗎？
露營
防災
＝
你注意到了嗎？那些人
在露營時明明很開心，
但他們的行為卻彷彿在
進行防災。
不對，應該說，這兩者之
間可以用「相乘」的方式
來看待。那就用乘的吧！
×
防災
×
露營
就是這樣
太棒了！
感覺
不錯吧？
那麼，已經完成
「居家防災挑戰」
的各位，要不要
開始嘗試露營呢？
讚！
你已經做了
超越「在家露營」
的挑戰了。
更棒的是，
你現在也具備了
「防災」的視角。
我辦得到！
我辦得到！

災害不會等到你的防災能力提升後才來襲。
避難行動也一樣，不可拖延遲疑。
雖然這個道理我們都懂，但真正做到總是有些困難啊～
畢竟，日常生活已經夠辛苦了。
正因如此，才需要去露營！
在防災能力尚未提升前，就讓露營的挑戰幫助我們暫時忘卻日常的辛勞吧！
啊～這真是個好辦法。不是嗎？
露營的樂趣，並不只是單純的開心，正因為有挑戰，才更令人感到充實。
即便遇到困難，也能靠自己克服，然後回歸到日常生活。
這種喜悅或是滿足感正是戶外活動的魅力所在。
我回來了——

避難生活的最大目標，最終還是為了回歸日常生活。
「為了求生」而進行防災準備，這件事是理所當然的。
但是真正的意義，其實在於「守護」，不是嗎？
重要的東西、重要的事。不重要的東西、不重要的事。
希望大家都能守護住珍貴之物。
但願全體國民都能成為「懂得露營的人」⋯⋯
請大家幫助我實現這個願望❤
拜託拜託～一定要～

結　語

在日本有一句諺語：「追二兔者不得一兔。」意思是「若同時追求兩個目標，最終可能一個也無法達成」。但奇妙的是，當我們追求「戶外活動」和「防災」時，卻可能同時收穫兩者。

理想情況下，我希望大家在完成這次挑戰後，同時去追逐這兩隻兔子。然而，即使只追求自己感興趣的某一方也沒關係。只要開始行動，即便未來遇上災害或突然需要參加戶外野營，即使是之前沒有去追的那一隻兔子，也會為你提供幫助。

當然，我們都希望未來什麼災害都不要發生，但近年來天災頻傳，災害模擬與準備顯得格外重要。然而，過度操心對身體健康無益，所以我認為，將防災工作融入日常，以輕鬆愉快的方式持續進行，會更為有效。書中列出的挑戰中，有些只是微小但簡單的事情，可以輕鬆完成，所以請嘗試持之以恆地執行。

此外，我選擇以紙本形式呈現本書，並設計成可以直接書寫的樣式，是因為我在避難生活中，即使沒有電力，仍能透過閱讀和書寫獲得心靈上的慰藉。如果這本書能在你的「關鍵時刻」助你一臂之力，那便是我最大的鼓勵。

最後，我要特別感謝X-Knowledge出版社的久保先生以及設計師菅谷真理子，是他們的努力使得這本書得以呈現在大家面前。寫這本書是一場持久戰，完成後的安心感顯得格外強烈。在此表達我由衷的謝意。

過去這一年，不知聽到多少次災害警報或避難指示，雖然尚未完全習慣，每次都需要經過冷靜思考後再行動。幸運的是，自北海道胆振東部地震以來，沒有遇到重大災害。如果未來在戶外活動中面臨危機，需要在「應該不會有事吧」和「可能沒那麼簡單」之間做判斷時，我會選擇「可能沒那麼簡單」，以謹慎的態度做出行動決策，這是我平時不斷提醒自己的一點。

希望大家在進行避難或戶外活動中，也能以安全為優先，畢竟，一旦出事，後悔也來不及了。

感謝大家閱讀本書，參與挑戰，並為防災做準備。

作者 鈴木三樹

令和5年（兔年）1月14日

於札幌家中

台灣廣廈國際出版集團
Taiwan Mansion International Group

國家圖書館出版品預行編目（CIP）資料

專為孩子設計！大防災時代的遊戲式練習：從物資準備、逃生知識到生存技巧，第一本在家體驗的求生實境遊戲書 /鈴木三樹著；胡汶廷譯. -- 初版. -- 新北市：美藝學苑出版社, 2025.01
128面；17×23公分
ISBN 978-986-6220-83-8(平裝)
1.CST: 防災教育 2.CST: 求生術

528.39 113017318

美藝學苑

專為孩子設計！大防災時代的遊戲式練習

從物資準備、逃生知識到生存技巧，第一本在家體驗的求生實境遊戲書

作　　者／鈴木三樹
譯　　者／胡汶廷

編輯中心執行副總編／蔡沐晨・**執行編輯**／周宜珊
封面設計／曾詩涵・**內頁排版**／菩薩蠻數位文化有限公司
製版・印刷・裝訂／東豪・弼聖・秉成

行企研發中心總監／陳冠蒨
媒體公關組／陳柔彣
綜合業務組／何欣穎

線上學習中心總監／陳冠蒨
企製開發組／江季珊、張哲剛

發 行 人／江媛珍
法 律 顧 問／第一國際法律事務所 余淑杏律師・北辰著作權事務所 蕭雄淋律師
出　　版／美藝學苑
發　　行／台灣廣廈有聲圖書有限公司
地址：新北市235中和區中山路二段359巷7號2樓
電話：（886）2-2225-5777・傳真：（886）2-2225-8052

代理印務・全球總經銷／知遠文化事業有限公司
地址：新北市222深坑區北深路三段155巷25號5樓
電話：（886）2-2664-8800・傳真：（886）2-2664-8801
郵 政 劃 撥／劃撥帳號：18836722
劃撥戶名：知遠文化事業有限公司（※單次購書金額未達1000元，請另付70元郵資。）

■出版日期：2025年01月

ISBN：978-986-6220-83-8